Organdy
×
Embroidery

はじめてでも可愛く作れる

オーガンジー刺しゅうのアクセサリー

contents

1-3

ピアス　how to make →p.50　design →△と○days.

4

5

4, 5

ロングピアス　how to make →p.51　design →△と○days.

6

7

6, 7

ピアス　how to make →p.52　design →△と◯days.

8

9

10

8-10

ペンダント　how to make →p.53　design →vanillaco

11

12

11, 12

ピアス　how to make →p.54　design →vanillaco

13

14

15

13-15

ブローチ　how to make →p.55　design →itoknit

16

17

18

16–18

ピアス　how to make →p.56　design →haricot

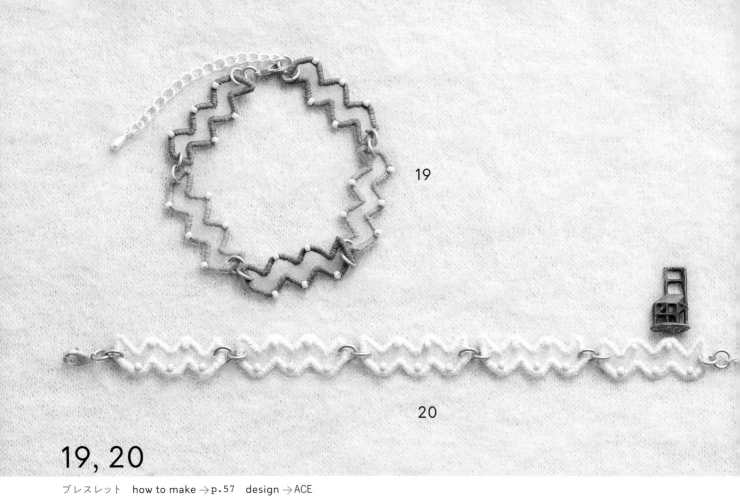

19

20

19, 20

ブレスレット　how to make →p.57　design →ACE

21

22

21, 22

ピアス　how to make →p.58　design →△と○days.

23

24

23, 24

ブレスレット（23）／ペンダント（24)　how to make →p.59(23)，p.60(24)　design →△と○days.

25, 26

ピアス（25）／ペンダント（26）　how to make →p.61　design →haricot

27

28

29

27-29

ピンブローチ　how to make →p.62　design →Toirohanko

30   31   32   33

30-33

ペンダント　how to make →p.63　design → itoknit

34   35   36

34-36

ブローチ　how to make →p.64　design →haricot

37

38

37, 38

イヤリング　how to make →p.65　design →ACE

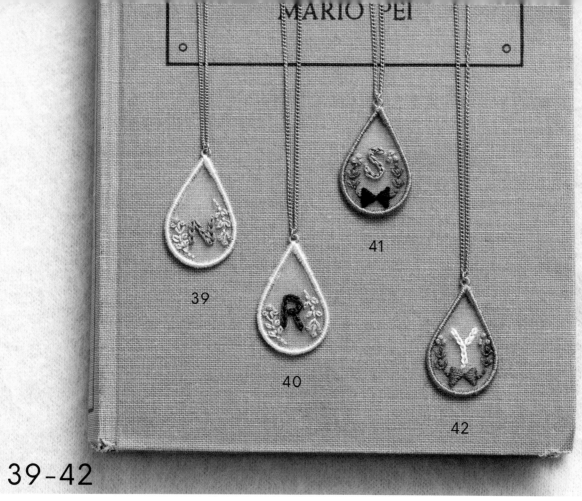

39 40 41 42

39-42

ペンダント　how to make →p.66　design →itoknit

43

44

45

46

47

48

43-49

ブローチ (43) ／ピアス (44-49)　how to make →p.67 (43), p.68 (44-49)　design →ACE

49

50, 51

ピアス　how to make →p.69　design →Toirohanko

52

52

ブローチ　how to make → p.70　design → Hana no Niwa

53

54

53, 54

イヤリング (53) ／ロングピアス (54) 　how to make →p.71(53), p.72(54)　design →ACE

55

56

57

55-57

イヤリング（55,56）／ネックレス（57）　**how to make** → p.73（55,56），p.74（57）　**design** → Toirohanko

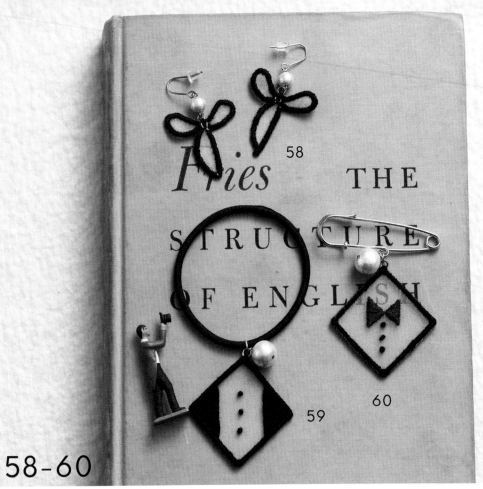

58-60

ピアス (58) ／ヘアゴム (59) ／カブトピン (60)
how to make →p.75(58)，p.76(59,60)　　design →ACE(58) 、itoknit (59,60)

61 62

61, 62

ブレスレット　how to make →p.77　design →Hana no Niwa

63

64

63, 64

ピンブローチ　how to make →p.78　design →Toirohanko

65

65

ネックレス　how to make →p.79　design →Hana no Niwa

66

67

68

66-68

ピアス（66,67）／ネックレス（68）　how to make →p.80（66,67），p.81（68）　design →Hana no Niwa

69, 70

ブレスレット　how to make →p.82　design →△と○days.

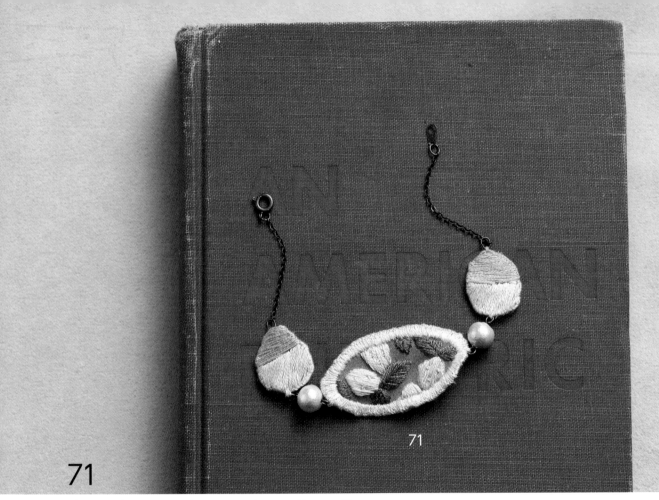

71

71

ブレスレット　how to make →p.83　design →Hana no Niwa

72

73

74

72-74

ブローチ（72,73）／バレッタ（74）　how to make →p.84（72,73），p.85（74）　design →Hana no Niwa

76

75

75, 76

ピアス（75）／バレッタ（76）　how to make →p.86（75），p.87（76）　design →Hana no Niwa

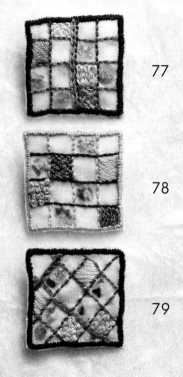

77

78

79

77-79

ブローチ　how to make →p.88　design →haricot

80　　　82　　　81　　　　　83　　　84

80-84

ブローチ　how to make →p.89(80,81)，p.90(82-84)　design →nakki

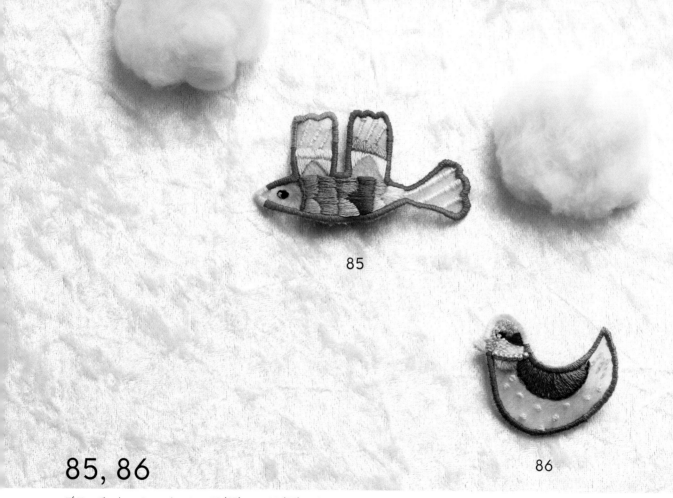

85

86

85, 86

ブローチ　how to make →p.91（85），p.92（86）　design →nakki

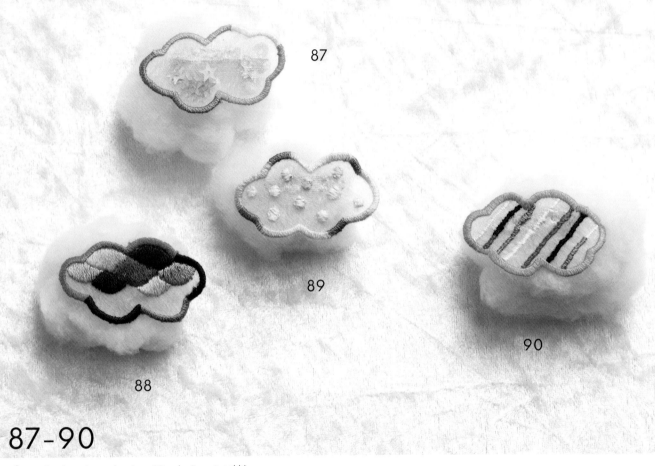

87

89

88

90

87-90

ブローチ how to make →p.93 design →nakki

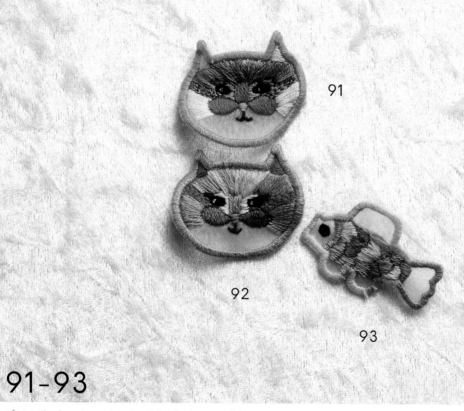

91

92

93

91-93

ブローチ　how to make →p.94　design →nakki

道具と材料　本書に掲載のアクセサリーを作るのに、よく使用する道具と材料。

道具

a 刺しゅう枠　刺しゅうする布をピンと張って押さえる。アクセサリーを1つ作るのならば直径8〜10cmの小ぶりなものが使いやすい。
b 刺しゅう針　7〜10号のフランス刺しゅう針。刺しゅう糸の本数によって、針の号数を変える。
c ビーズ刺しゅう針　ビーズを縫いとめるのに使う。

d まち針　図案を写すときに、図案とオーガンジーをとめる。
e 布切りばさみ　オーガンジーや布を切る。小ぶりで先の尖ったものが、細かい部分も切りやすい。
f 糸切りばさみ　刺しゅう糸を切る。よく切れるものを用意する。
g つまようじ　接着剤を塗るのに使う。
h 手芸用ボンド　オーガンジーに芯（メタルフープ）を貼ったり、裏面を補強するのに使う。乾くと透明になるものがおすすめ。

i ほつれ止め液　カットしたオーガンジーの縁や糸に塗り、ほつれ止めをする。
j 多用途接着剤　布と金属の接着に使う。
k 油性ペン　芯の図案をクリアファイルに写すに使う。
l シャーペン、鉛筆　オーガンジーに図案を写すに使う。
m 平やっとこ　先端が平たい。カン類の開閉に使う。
n 丸やっとこ　先端が丸い。ピン類を丸く曲げるのに使う。
o ニッパー　チェーンやピン類をカットする。

a　b　c　d　e　f　g　h　i　j　k　l　m　n　o

材料

〈 芯にする材料 〉

a メタルフープ、メタルパーツ フープだけのもの、カンつきのもの、ブローチ金具つきのものなど。手芸店・ビーズ専門店でそろう。

b クリアファイル 透明で、ある程度厚みのあるものがおすすめ。

〈 布、糸 〉

c オーガンジー ポリエステル製は張りがあり、シルク製は布目が細かいのが特徴。好みでどちらを使用しても良い。

d シーチング 作品77～79（p.35）の裏布に使う。

e フェルト 作品74（p.33）、作品76（p.34）の裏布に使う。

f レザー 作品27～29（p.15）、作品53（p.24）の裏布に使う。

g ビーズステッチ用糸 ポリエステル製の糸。ビーズを縫いとめるのに使う。

h テグス ナイロン製の透明な糸。作品87～90（p.38）でブローチ金具を縫いとめるのに使う。

i 25番刺しゅう糸 綿100%の刺しゅう糸。6本で撚ってあるものを指定の本数に引きそろえて使う。本書の作品はすべてDMCの糸で制作。

j 25番ラメ糸 ポリエステル100%のラメ糸。本書ではDMCライトエフェクト糸を使用。

〈 基礎金具 〉

k カン類 上から丸カン、Cカン、三角カン。

l ピン類 左はTピン、右は9ピン。

m とめ金具 上から引き輪、カニカン。

n 板カン o アジャスター

〈 アクセサリー金具、ビーズ・パーツ 〉

p チェーンネックレス q ピアス r イヤリング、s タックピン t カブトピン u ブローチ v バレッタ

w 各種ビーズ 丸小・特小ビーズ、竹ビーズ、コットンパール、パールビーズ（チェコガラスパール）、スパンコールなど。

x ミニタッセル

＊紹介しているビーズ・パーツは一例。

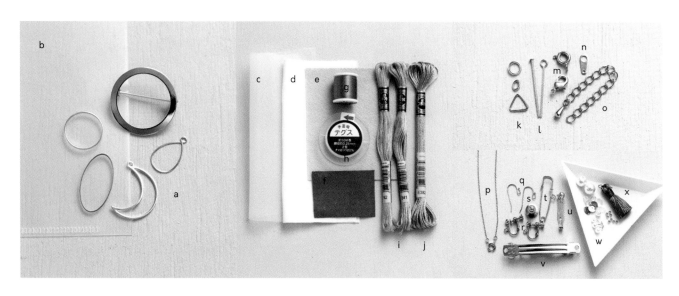

基本の作り方

オーガンジー刺しゅうのアクセサリーは最初に外枠を巻きかがり、続いて内側に刺しゅうを刺します。
ここでは外枠の基本的な作り方と仕上げ方を、3種類紹介します。

Part.1 メタルフープを芯にする

p.31 ブレスレットのパーツを例に、メタルフープを外枠の芯にする作り方を紹介します。
メタルフープのサイズ、糸の色は実際の作品とは異なります。

1

メタルフープ

メタルフープ（またはカンつきのメタルパーツ）の片面に、つまようじで手芸用ボンド（以降、ボンド）を薄く塗る。

2

オーガンジー
クリアファイル

メタルフープをオーガンジーに貼る。布目からボンドが出てくるので、クリアファイルを下に敷くと良い。乾いたら、オーガンジーを刺しゅう枠にセットする。

3

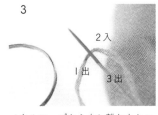

2入
1出　3出

メタルフープから少し離れたところにプチポワン（小さいひと針）をする。糸端を10cm残して針を表に出し（1出）隣に入れ（2入）方向を変えて針を出す（3出）。

4

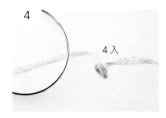

4入

十字になるように針を入れる（4入）。プチポワンが1目ができたところ。

5

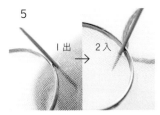

1出　2入

メタルフープとオーガンジーを巻きかがる。フープの外側の際に針を出し（1出）、メタルフープの内側の際に針を入れる（2入）。針は真っ直ぐ刺すこと。

6

糸を引きしめる。巻きかがりが1目できたところ。

7

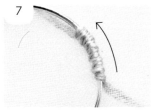

続けて5、6と同様に、メタルフープが糸に隠れるように巻きかがっていく。

8

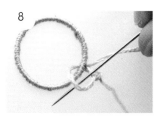

メタルフープを1周巻きかがったら、最後は糸の輪を大きく作り、隣に出した針を輪に入れて引きしめる。

9

巻きかがった糸の中に、針を3目分ほど通して引き抜く。

10

余分な糸を、巻きかがりの際でカットする。

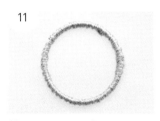

11

刺しはじめの糸はプチボワンを解いて針に通し、9、10と同様に始末する。

12

オーガンジーを刺しゅう枠から外し、実物大図案に重ねてまち針でとめる。鉛筆（シャープペン）で図案をオーガンジーに描き写す。

13

図案の通りに刺しゅうする。

14

巻きかがりの糸の際で、オーガンジーをカットする。刺しゅう糸を切らないように注意する。

15

切り取ったオーガンジーと巻きかがりの縁に、ほつれ止め液を塗る。

16

ほつれ止め液が乾いたら、刺しゅうパーツのできあがり。

Part.2 クリアファイルを芯にする

p.34ピアスのパーツを例に、クリアファイルを
外枠の芯にする作り方を紹介します。

1

クリアファイルに実物大図案を油
性ペンで写し、切り取る。枠の内
側も切り抜く。

＊わかりやすいように色つきのクリ
アファイルを使っているが、実際は
透明のものを使う。

2

オーガンジーを刺しゅう枠にセッ
トし、クリアファイルをオーガン
ジーに置く。接着剤は塗らずに作
るが、大きくて安定しない場合は
クリアファイルとオーガンジーを
手芸用ボンドで貼り合わせても良
い。

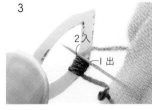

3

p.42の3〜7を参照し、クリアファ
イルから少し離れたところにプチ
ポワンをし、クリアファイルとオ
ーガンジーを巻きかがる。

4

1周巻きかがったら、p.42、43
の8〜10を参照し、糸を始末する。
糸端は、裏の巻きかがりの糸に引
き入れる。

5

刺しはじめの糸もプチポワンを解
いて針に通し、4と同様に始末す
る。内側に刺しゅうする場合はオ
ーガンジーを刺しゅう枠から外し、
実物大図案を描き写して刺しゅう
する。

6

巻きかがりの糸の際で、オーガン
ジーをカットする。刺しゅう糸を
切らないように注意する。

7

切り取ったオーガンジーと巻きか
がりの縁に、ほつれ止め液を塗る。

8

ほつれ止め液が乾いたら、刺しゅ
うパーツのできあがり。

＊p.34の実際の作品はこの後に縁を
まつり縫いするが、ここでは一例と
して巻きかがりのみで説明している。

Part.3　芯なしで巻きがかる

p.20ピアスのパーツを例に、外枠に芯を入れずに
巻きかがる作り方を紹介します。

1
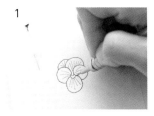
オーガンジーを実物大図案に重ねてまち針でとめる。鉛筆（シャープペン）で図案をオーガンジーに描き写す。

2

花びらの外枠以外の刺しゅうを図案の通りに刺す。花芯はサテンステッチ、柱頭はバリオンステッチ、花びらの筋はストレートステッチで刺したところ。

3

巻きかがりの線に沿って、ランニングステッチをする。これが巻きかがりの芯となる。黄色の糸でランニングステッチをしたところ。

4

ランニングステッチの上からオーガンジーを巻きかがる。図案に沿ってランニングステッチを数針刺し、続けて巻きかがっていく。

5

すべて巻きかがったら、糸端は裏の巻きかがりの糸に引き入れて始末する。

6

巻きかがりの糸の際で、オーガンジーをカットする。刺しゅう糸を切らないように注意する。

7

切り取ったオーガンジーと巻きかがりの縁に、ほつれ止め液を塗る。

8

ほつれ止め液が乾いたら、刺しゅうパーツのできあがり。

基本のテクニック

糸の引き出し方

刺しゅう糸のラベルは外さず、糸端を引き出して6本の束ごと約50cmにカットする。

1本ずつ抜いて、指定の本数をセットする。3本どりの場合も、1本ずつ抜き取ってから3本そろえる。

糸の通し方

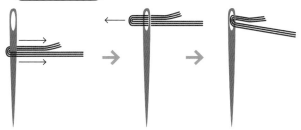

糸端を折って針にかけ、強く引いて糸の角を立てる。針と糸を親指と人差し指でつまんでつぶし、針をそっと抜く。

糸の輪を針穴に押し入れるように通す。

刺し始めと刺し終わり

基本的に糸は玉どめせず、図のように始末する。刺し始めの糸は刺し終えてから針に通し、図のように始末する。

●縦にくぐらせる場合

●横にくぐらせる場合

ビーズの縫いとめ方

ビーズの縫いとめには、ビーズステッチ用針を使う。

●スパンコールの縫いとめ方

●ビーズの縫いとめ方

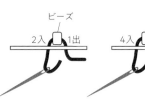

アクセサリーのテクニック

カンの開閉

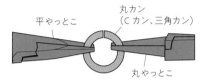

平やっとこ

丸カン
（Cカン、三角カン）

丸やっとこ

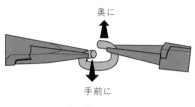

奥に

手前に

× ○

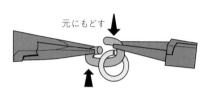

元にもどす

カンの両端を平やっとこと丸やっとこ（または平やっとこ2本）ではさみ、前後に開閉する。

ピンの使い方

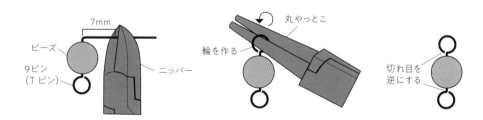

7mm

ビーズ

9ピン
（Tピン）

ニッパー

丸やっとこ

輪を作る

切れ目を
逆にする

ピンにビーズを通してビーズの際で直角に折り曲げ、7mm残してカットする。

ピンの先端を、手首を上にして丸やっとこではさみ、手首を返して丸める。

point

●刺しゅうパーツにカンを通す

オーガンジーの部分に直接カンを通す場合は、つまようじをそっと刺して穴を開けてから通します。

基本のステッチ

ストレートステッチ

バックステッチ

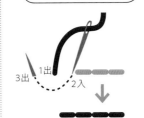

巻きかがり

ランニングステッチ

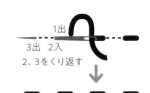

アウトラインステッチ

チェーンステッチ

レイジーデイジーステッチ

チェーンフェザーステッチ

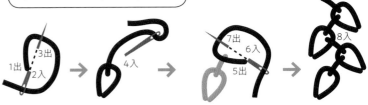

ブランケットステッチ

5出 3出 1入
4入 2入
6入4入 3出 5入

フライステッチ

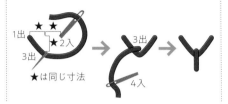

1出 ★ ★
2入
3出 ★ ★
★は同じ寸法
3出
4入

フレンチノットステッチ

2入
1出
2入
1出
指定の回数を巻く

リーフステッチ

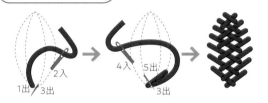

2入
1出 3出
4入 5入
3出

サテンステッチ

後の刺しゅうで隠れる部分を3～4針刺して、
図案の端（1出）から出す

図案
1出
3出
2入

バリオンステッチ

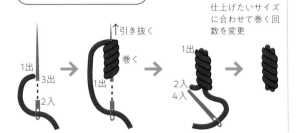

1出
3出
2入
↑引き抜く
巻く
1出
1出
2入
4入

仕上げたいサイズ
に合わせて巻く回
数を変更

ロングアンドショートステッチ

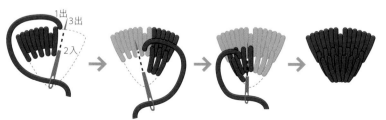

1出
3出
2入

49

how to make

アクセサリーの
作り方

p.04～p.39に掲載の
作品の作り方を紹介します。

● 本書の作品の刺しゅうにはすべて、DMCの25
番刺しゅう糸と25番ラメ糸を使用しています。
● 刺しゅう糸以外の材料（ビーズ・パーツ類）
は手芸店やビーズ専門店でお好みのものを用意
しましょう。購入先の一例はp.96をご覧ください。
但し、使用しているパーツは廃番になる場合や、
一部取り扱いのない店舗もあります。
● 各レシピの **材料** には、刺しゅう糸は表記して
いません。図案を確認して、必要な色を用意しま
しょう。
● 刺しゅうの図案は実物大です。記載内容は
「刺しゅう糸の色番号、糸の本数、刺しゅうの種
類（Sはステッチの略）」の順です。糸の本数は、
図案の下部にまとめて記載している場合があります。
● 道具と材料（p.40）や、基本の作り方（p.42以
降）で作り方の手順を確認してから作り始めま
しょう。

50

1-3　　　　p.04

ピアス　サイズ：縦15.5×横17mm

材料
オーガンジー（白）
メタルフープ（三角・16×15mm・ゴールド）
　…2個
丸小ビーズ（ゴールド）…6個
ピアス金具（ポストタイプ平皿・6mm・
　チタン）…1組

作り方
①p.42「メタルフープを芯にする」を参照して、
メタルフープをオーガンジーに手芸用ボンドで
接着し、メタルフープとオーガンジーを一緒に
巻きかがりする。
②図案をオーガンジーに写し、刺しゅうする。
ブランケットステッチは、丸小ビーズを通して
ビーズ刺しゅう針で刺す。
③オーガンジーを巻きかがりの際でカットし、
縁にほつれ止め液を塗る。
④サテンステッチの糸の色を変えて❶～❸と同
様にもう1個作る。
⑤裏面のピアス貼りつけ位置に、ピアスの平皿
を多用途接着剤で貼る。

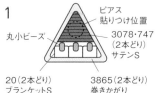

1

丸小ビーズ
ピアス
貼りつけ位置
3078・747
（2本どり）
サテンS
20（2本どり）
ブランケットS
3865（2本どり）
巻きかがり

2

丸小ビーズ
ピアス
貼りつけ位置
964・26
（2本どり）
サテンS
3078（2本どり）
ブランケットS
3865（2本どり）
巻きかがり

3

丸小ビーズ
ピアス
貼りつけ位置
19・20
（2本どり）
サテンS
966（2本どり）
ブランケットS
3865（2本どり）
巻きかがり

＊ブランケットステッチ、サテンステッチの順に刺す

4, 5　　p.05

ピアス　サイズ：長さ6cm（ピアス金具を除く）

材料
オーガンジー（白）
メタルフープ（サークル・9mm・ゴールド）
　…2個
メタルフープ（ハート・15mm・ゴールド）
　…2個
丸カン（0.5×3.5mm・ゴールド）…8個
ピアス金具（フック・ゴールド）…1組
チェーン（ゴールド）…3cm×2本

作り方
①サークルパーツを作る。p.42「メタルフープ
を芯にする」を参照して、メタルフープをオー
ガンジーに手芸用ボンドで接着し、メタルフー
プとオーガンジーを一緒に巻きかがりする。
②図案をオーガンジーに写し、刺しゅうする。
③オーガンジーを巻きかがりの際でカットし、
縁にほつれ止め液を塗る。
④❶～❸と同様にサークルパーツをもう1個作
る
⑤❶～❸と同じ要領でハートパーツを合計2個
作る。
⑥〈組み立て〉の図のように丸カンで、刺し
ゅうしたパーツとチェーン、ピアス金具をつな
ぐ。

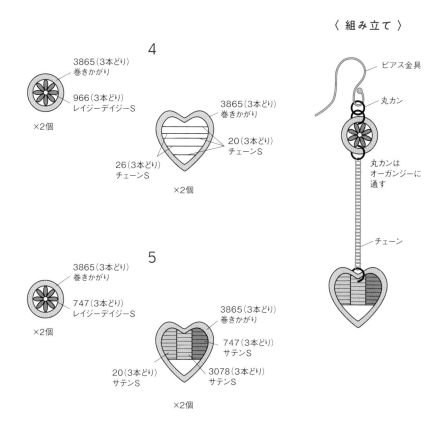

〈 組み立て 〉

ピアス金具

丸カン

丸カンは
オーガンジーに
通す

チェーン

4

3865（3本どり）
巻きかがり

966（3本どり）
レイジーデイジーS

×2個

3865（3本どり）
巻きかがり

20（3本どり）
チェーンS

26（3本どり）
チェーンS

×2個

5

3865（3本どり）
巻きかがり

747（3本どり）
レイジーデイジーS

×2個

3865（3本どり）
巻きかがり

747（3本どり）
サテンS

20（3本どり）
サテンS

3078（3本どり）
サテンS

×2個

6, 7　　p.06

ピアス　サイズ：長さ3.2cm（ピアス金具を除く）

材料
オーガンジー（白）
メタルフープ（サークル・9mm・ゴールド）
…2個
メタルフープ（サークル・19mm・ゴールド）
…2個
コットンパール（ホワイト・6mm）…2個
丸カン（0.5×3.5mm・ゴールド）…2個
9ピン（0.6×20mm・ゴールド）…2本
ピアス金具（フック・ゴールド）…1組

作り方
①p.42「メタルフープを芯にする」を参照して、メタルフープをオーガンジーに手芸用ボンドで接着する。19mmの内側に9mmを貼る。メタルフープとオーガンジーを一緒に巻きかがりする。
②図案をオーガンジーに写し、刺しゅうする。
③オーガンジーを巻きかがりの際でカットし、縁にほつれ止め液を塗る。メタルフープ9mmの縁には手芸用ボンドを塗ってから、内側をカットする。
④❶～❸と同様にパーツをもう1個作る。
⑤〈パーツ〉の図のように、コットンパールに9ピンを通して先を丸めたパーツを2個作る（p.47「ピンの使い方」参照）。
⑥〈組み立て〉の図のように、丸カンで全体をつなぐ。

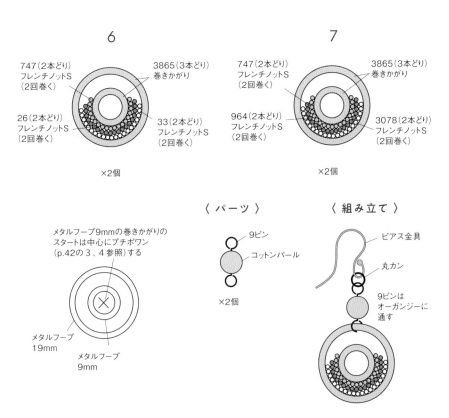

6

747（2本どり）
フレンチノットS
（2回巻く）

3865（3本どり）
巻きかがり

26（2本どり）
フレンチノットS
（2回巻く）

33（2本どり）
フレンチノットS
（2回巻く）

×2個

7

747（2本どり）
フレンチノットS
（2回巻く）

3865（3本どり）
巻きかがり

964（2本どり）
フレンチノットS
（2回巻く）

3078（2本どり）
フレンチノットS
（2回巻く）

×2個

メタルフープ9mmの巻きかがりの
スタートは中心にプチボワン
（p.42の3、4参照）する

メタルフープ
19mm

メタルフープ
9mm

〈パーツ〉

9ピン

コットンパール

×2個

〈組み立て〉

ピアス金具

丸カン

9ピンは
オーガンジーに
通す

8-10

p.07

ペンダント　サイズ：モチーフ縦4.8×横3cm、
　　　　　　　　　　ペンダント長さ50cm

材料
オーガンジー（白）
メタルパーツ（カンつきシズク・45×32mm・
　ゴールド）…1個
特小ビーズ（中銀）…10個
パールビーズ（2mm・ホワイト）…4個
パールビーズ（3mm・ホワイト）…1個
丸カン（0.7×4mm・ゴールド）…1個
チェーンネックレス（50cm・ゴールド）
　…1本

作り方
①p.42「メタルフープを芯にする」を参照して、
メタルパーツをオーガンジーに手芸用ボンドで
接着し、メタルパーツとオーガンジーを一緒に
巻きかがりする。カンの部分は巻きかがりしな
い。
②図案をオーガンジーに写し、刺しゅうする。
ビーズはビーズ刺しゅう針で縫いとめる。
③オーガンジーを巻きかがりの際でカットし、
縁にほつれ止め液を塗る。
④刺しゅうした部分の裏面に手芸用ボンドを薄
く塗り、乾かす。オーガンジーにボンドがつか
ないように注意する。
⑤〈組み立て〉の図のように、丸カンにチェ
ーンネックレスのチェーンを通し、刺しゅうし
たパーツにつなぐ。

8

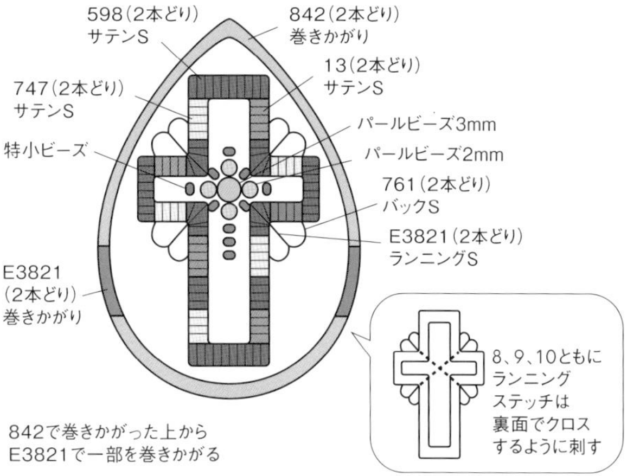

598（2本どり）サテンS
842（2本どり）巻きかがり
13（2本どり）サテンS
747（2本どり）サテンS
特小ビーズ
パールビーズ3mm
パールビーズ2mm
761（2本どり）バックS
E3821（2本どり）ランニングS
E3821（2本どり）巻きかがり

842で巻きかがった上から
E3821で一部を巻きかがる

8、9、10ともに
ランニング
ステッチは
裏面でクロス
するように刺す

〈組み立て〉

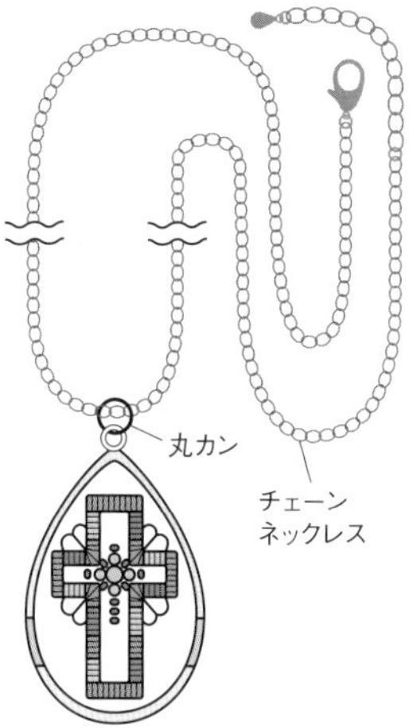

丸カン

チェーン
ネックレス

9

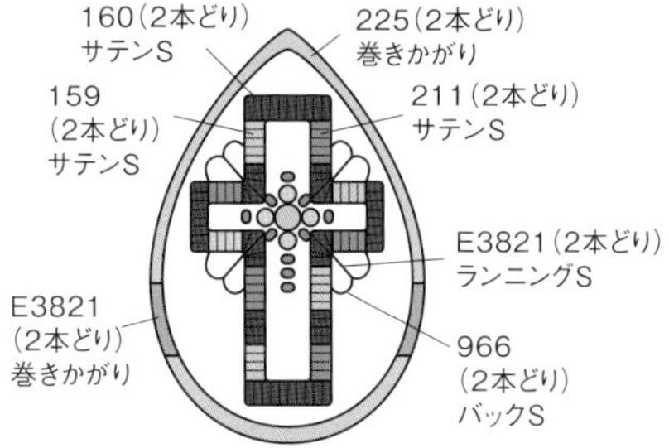

160（2本どり）サテンS
225（2本どり）巻きかがり
159（2本どり）サテンS
211（2本どり）サテンS
E3821（2本どり）ランニングS
E3821（2本どり）巻きかがり
966（2本どり）バックS

225で巻きかがった上から
E3821で一部を巻きかがる

10

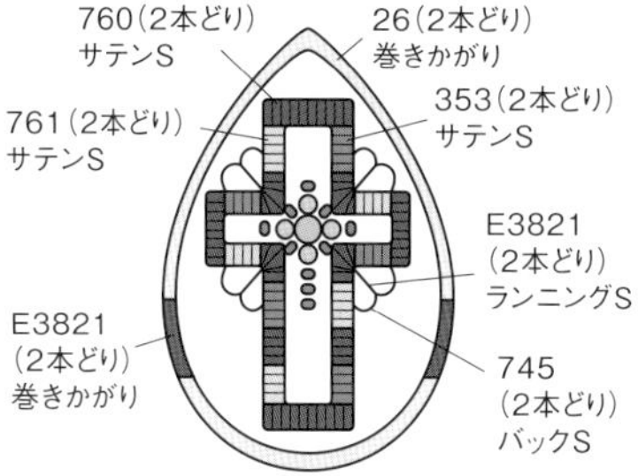

760（2本どり）サテンS
26（2本どり）巻きかがり
761（2本どり）サテンS
353（2本どり）サテンS
E3821（2本どり）ランニングS
E3821（2本どり）巻きかがり
745（2本どり）バックS

26で巻きかがった上から
E3821で一部を巻きかがる

53

11, 12　　p.08

ピアス　サイズ：モチーフ直径2.6cm、
　　　　　　　　長さ6cm（ピアス金具を除く）

材料

オーガンジー（白）
メタルフープ（サークル・25mm・ゴールド）
　…2個
特小ビーズ（中銀）…4個
パールビーズ（3mm・ホワイト）…2個
ミニタッセル（25mm）…1個
丸カン（0.6×3mm・ゴールド）…4個
ピアス金具（フック・ゴールド）…1組
ビーズステッチ用糸

作り方

①p.42「メタルフープを芯にする」を参照して、
メタルフープをオーガンジーに手芸用ボンドで
接着し、メタルフープとオーガンジーを一緒に
巻きかがりする。
②図案をオーガンジーに写し、刺しゅうする。
ビーズはビーズステッチ用糸とビーズ刺しゅう
針で縫いとめる。
③オーガンジーを巻きかがりの際でカットし、
縁にほつれ止め液を塗る。
④刺しゅうした部分の裏面に手芸用ボンドを薄
く塗り、乾かす。オーガンジーにボンドがつか
ないように注意する。
⑤〈 組み立て 〉の図のように、刺しゅうした
パーツの巻きかがりの糸に丸カンを通し、ピア
ス金具、ミニタッセルをそれぞれつなぐ。
⑥丸カンで図のように全体をつなぐ。

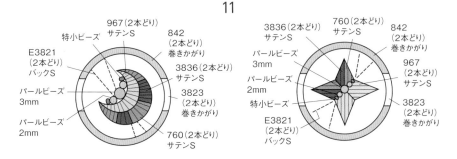

11

特小ビーズ
967（2本どり）
サテンS
842（2本どり）
巻きかがり
E3821（2本どり）
バックS
3836（2本どり）
サテンS
パールビーズ3mm
3823（2本どり）
巻きかがり
パールビーズ2mm
760（2本どり）
サテンS

3836（2本どり）
サテンS
パールビーズ3mm
パールビーズ2mm
特小ビーズ
E3821（2本どり）
バックS
760（2本どり）
サテンS
842（2本どり）
巻きかがり
967（2本どり）
サテンS
3823（2本どり）
巻きかがり

12

772（2本どり）
サテンS
738（2本どり）
巻きかがり
E3821（2本どり）
バックS
503（2本どり）
サテンS
414（2本どり）
サテンS
BLANC（2本どり）
巻きかがり

503（2本どり）
サテンS
738（2本どり）
巻きかがり
414（2本どり）
サテンS
772（2本どり）
サテンS
E3821（2本どり）
バックS
BLANC（2本どり）
巻きかがり

〈 組み立て 〉

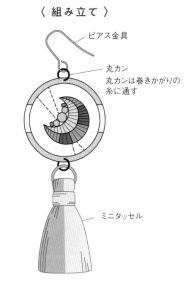

ピアス金具
丸カン
丸カンは巻きかがりの
糸に通す
ミニタッセル

13-15　p.09

ブローチ　サイズ：直径3.1cm

材料
オーガンジー（白）
ブローチ金具（リング型・30mm・ゴールド）
　…1個

作り方
①p.42「メタルフープを芯にする」を参照して、
ブローチ金具のリングに手芸用ボンドを塗り、
オーガンジーに接着する。リングとオーガンジ
ーを一緒に巻きかがりする。裏面の金具部分は
避けて巻きかがる。
②図案をオーガンジーに写し、刺しゅうする。
③オーガンジーを巻きかがりの際でカットし、
縁にほつれ止め液を塗る。

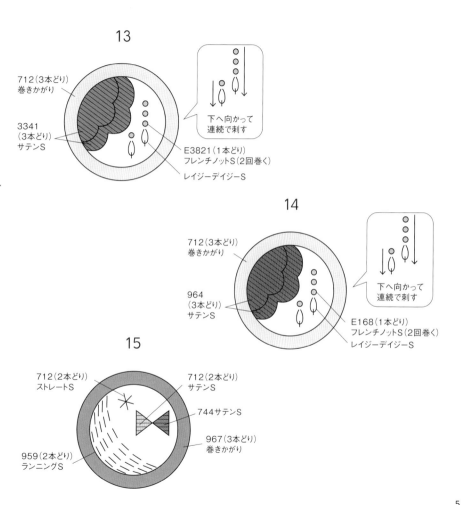

13

712（3本どり）
巻きかがり

3341
（3本どり）
サテンS

下へ向かって
連続で刺す

E3821（1本どり）
フレンチノットS（2回巻く）

レイジーデイジーS

14

712（3本どり）
巻きかがり

964
（3本どり）
サテンS

下へ向かって
連続で刺す

E168（1本どり）
フレンチノットS（2回巻く）

レイジーデイジーS

15

712（2本どり）
ストレートS

712（2本どり）
サテンS

744サテンS

959（2本どり）
ランニングS

967（3本どり）
巻きかがり

16-18　p.10

ピアス　サイズ：縦1.8~3.3cm、横2～2.7cm
（ピアス金具を除く）

材料
16
メタルフープ（三角・20mm・ゴールド）
…1個
メタルフープ（三角・33×25mm・ゴールド）
…1個
17
メタルフープ（三角・27mm・ゴールド）
…1個
メタルフープ（三角・25×20mm・ゴールド）
…1個
18
メタルフープ（三角・25×20mm・ゴールド）
…2個
共通
オーガンジー（白）
丸カン（0.5×3mm・ゴールド）…2個
丸カン（0.8×5mm・ゴールド）…2個
ピアス金具（フック・ゴールド）…1組

作り方
①p.42「メタルフープを芯にする」を参照して、
メタルフープをオーガンジーに手芸用ボンドで
接着し、メタルフープとオーガンジーを一緒に
巻きかがりする。
②図案をオーガンジーに写し、刺しゅうする。
③オーガンジーを巻きかがりの際でカットし、
縁にほつれ止め液を塗る。

④メタルフープと糸の色を変えて、❶～❸と同
様にもう1個作る。
⑤〈組み立て〉の図のように丸カンで、刺し
ゅうしたパーツとピアス金具をつなぐ。

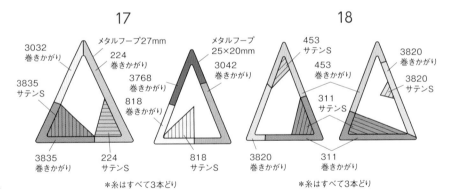

16

3844
巻きかがり

メタルフープ
20mm

メタルフープ
33×25mm

3812
サテンS

3812
巻きかがり

813
巻きかがり

3750
巻きかがり

3750
サテンS

320サテンS

＊糸はすべて3本どり

〈 組み立て 〉

ピアス金具

丸カン
3mm

丸カン
5mm

丸カンは
巻きかがりの
糸に通す

17

3032
巻きかがり

メタルフープ27mm

224
巻きかがり

メタルフープ
25×20mm

3042
巻きかがり

3835
サテンS

3768
巻きかがり

818
巻きかがり

3835
巻きかがり

224
サテンS

818
サテンS

＊糸はすべて3本どり

18

453
サテンS

3820
巻きかがり

453
巻きかがり

3820
サテンS

311
サテンS

3820
巻きかがり

311
巻きかがり

＊糸はすべて3本どり

19, 20　p.11

ブレスレット　サイズ：長さ19cm
（アジャスターを除く）

材 料
オーガンジー（白）
丸小ビーズ（ホワイト）…25個
丸カン（0.7×4mm・ゴールド）…12個
カニカン（ゴールド）…1個
アジャスター（ゴールド）…1個
＊オーガンジーはシルク100％を推奨

作 り 方
①p.45「芯なしで巻きかがる」を参照して作る。
オーガンジーを2枚重ね、図案を写す。
②図案に沿ってランニングステッチをする。ラ
ンニングステッチは巻きかがりの2本の線の中
央を刺していく。
③❷の上から巻きかがりする。
④ビーズをビーズ刺しゅう針で縫いとめる。
⑤オーガンジーを巻きかがりの際でカットし、
縁にほつれ止め液を塗る。
⑥❶～❺と同様にパーツを合計5個（作品19は
807で3個、834で2個）作る。
⑦〈組み立て〉の図のように、丸カンで全体
をつなぐ。

19

丸小ビーズ

807（1本どり）
ランニングS、
巻きかがり

巻きかがりの後に
ビーズを縫いとめる

×3個

丸小ビーズ

834（1本どり）
ランニングS、
巻きかがり

巻きかがりの後に
ビーズを縫いとめる

×2個

20

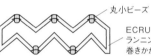

丸小ビーズ

ECRU（1本どり）
ランニングS、
巻きかがり

巻きかがりの後に
ビーズを縫いとめる

×5個

〈 組み立て 〉

アジャスター

カニカン

19は両端が807になるよう、
交互につなぐ

丸カン
丸カンはオーガンジーに通す

21, 22　　p.12

ピアス　サイズ：モチーフ直径21mm、
　　　　　　　長さ3.5mm（ピアス金具を除く）

材料
オーガンジー（白）
メタルフープ（サークル・19mm・ゴールド）
　…2個
丸カン（0.5×4mm・ゴールド）…2個
丸カン（0.5×3.5mm・ゴールド）…2個
ピアス金具（フック・ゴールド）…1組

作り方
①p.42「メタルフープを芯にする」を参照して、
メタルフープをオーガンジーに手芸用ボンドで
接着し、メタルフープとオーガンジーを一緒に
巻きかがりする。
②図案をオーガンジーに写し、刺しゅうする。
③オーガンジーを巻きかがりの際でカットし、
縁にほつれ止め液を塗る。
④❶～❸と同様にパーツをもう1個作る。
⑤〈組み立て〉の図のように丸カンで、刺し
ゅうしたパーツとピアス金具をつなぐ。

21

3885（2本どり）
チェーンS

3885（3本どり）
巻きかがり

3885（3本どり）
サテンS

3885（2本どり）
チェーンフェザーS

×2個

22

3885（2本どり）
チェーンS

3885（3本どり）
巻きかがり

3885
（2本どり）
ストレートS

3885（3本どり）
サテンS

3885（2本どり）
アウトラインS

×2個

〈 組み立て 〉

ピアス金具

丸カン3.5mm

丸カン4mm
丸カンは巻きかがりと
チェーンSの間に
通す

23 　　p.13

ブレスレット　サイズ：モチーフ直径2.3cm（カンを除く）、
　　　　　　　　　　　長さ17.5cm

材料
オーガンジー（白）
メタルフープ（カンつき星・22×23mm・
　　ゴールド）…1個
コットンパール（6mm・ホワイト）…2個
つなぎパーツ（5.5mm・ブルー）…2個
9ピン（0.6×20mm・ゴールド）…2本
丸カン（0.5×3.5mm・ゴールド）…7個
カニカン（ゴールド）…1個
アジャスター（ゴールド）…1個
チェーン（ゴールド）
　　…3cm×2本、2cm×3本

作り方
①p.42「メタルフープを芯にする」を参照して、
　メタルフープをオーガンジーに手芸用ボンドで
　接着し、メタルフープとオーガンジーを一緒に
　巻きかがりする。
②オーガンジーを巻きかがりの際でカットし、
　縁にほつれ止め液を塗る。
③〈パーツ〉の図のように、コットンパール
　に9ピンを通して先を丸めたパーツを2個作る
　（p.47「ピンの使い方」参照）。
④〈組み立て〉の図のように、丸カンで全体
　をつなぐ。

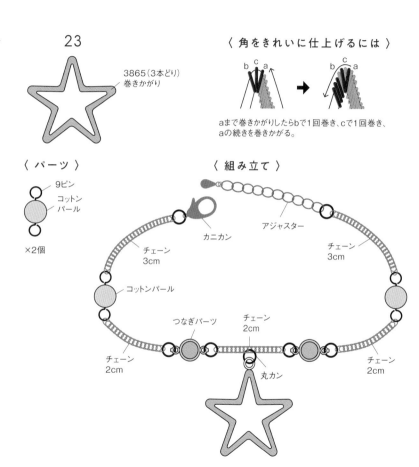

23

3865（3本どり）
巻きかがり

〈 角をきれいに仕上げるには 〉

aまで巻きかがりしたらbで1回巻き、cで1回巻き、
aの続きを巻きかがる。

〈 パーツ 〉

9ピン
コットン
パール

×2個

〈 組み立て 〉

カニカン
アジャスター
チェーン
3cm
チェーン
3cm
コットンパール
つなぎパーツ
チェーン
2cm
丸カン
チェーン
2cm
チェーン
2cm

24

p.13

ペンダント　サイズ：モチーフ縦2.6×横2cm、
長さ60cm

材料
オーガンジー（黒）
メタルパーツ（カンつき月・25×22mm・
　ゴールド）…1個
丸小ビーズ（ゴールド）…3個
座金（20mm・ゴールド）…1個
Cカン（0.8×4.5×6mm・ゴールド）…1個
チェーンネックレス（60cm・ゴールド）
　…1本

作り方
①p.42「メタルフープを芯にする」を参照して、
メタルパーツをオーガンジーに手芸用ボンドで
接着し、メタルパーツとオーガンジーを一緒に
巻きかがりする。カンの部分は巻きかがりしな
い。
②図案をオーガンジーに写し、刺しゅうする。
丸小ビーズはビーズステッチ用糸で縫いとめる。
③オーガンジーを巻きかがりの際でカットし、
縁にほつれ止め液を塗る。
④〈組み立て〉の図のように、Cカンで刺
しゅうしたパーツと座金をつなぐ。チェーンネッ
クレスのチェーンをCカンに通す。

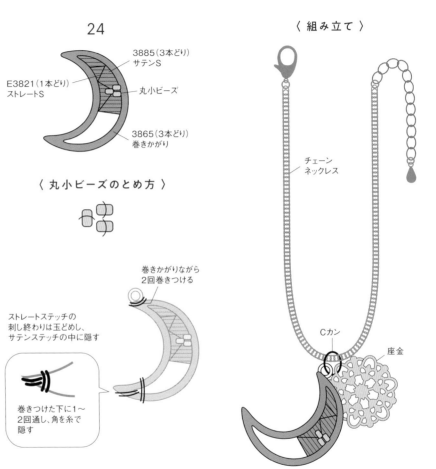

24

3885（3本どり）
サテンS

E3821（1本どり）
ストレートS

丸小ビーズ

3865（3本どり）
巻きかがり

〈丸小ビーズのとめ方〉

巻きかがりながら
2回巻きつける

ストレートステッチの
刺し終わりは玉どめし、
サテンステッチの中に隠す

巻きつけた下に1〜
2回通し、角を糸で
隠す

〈組み立て〉

チェーン
ネックレス

Cカン

座金

25, 26　p.14

ピアス　サイズ：モチーフ縦2.5×横1.1cm
　　　　　（ピアス金具を除く）
ペンダント　サイズ：モチーフ縦4.2×横2cm、
　　　　　　　長さ62cm

材料

25
オーガンジー（白）
メタルフープ（オーバル・25×11mm・
　ゴールド）…2個
チェコガラスパール（2mm・ホワイト）
　…5個
丸カン（0.8×5mm・ゴールド）…2個
ピアス金具（カンつき・チタン）…1組

26
オーガンジー（白）
メタルフープ（オーバル・40×20mm・
　ゴールド）…1個
チェコガラスパール（2mm・ホワイト）
　…4個
丸カン（0.5×3mm・ゴールド）…2個
丸カン（0.8×5mm・ゴールド）…1個
カニカン（ゴールド）…1個
板カン（ゴールド）…1個
チェーン（ゴールド）…60cm

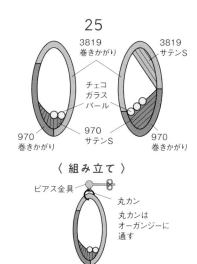

25

3819
巻きかがり

3819
サテンS

チェコ
ガラス
パール

970
巻きかがり

970
サテンS

970
巻きかがり

〈 組み立て 〉

ピアス金具

丸カン
丸カンは
オーガンジーに
通す

作り方

25
①p.42「メタルフープを芯にする」を参照して、
メタルフープをオーガンジーに手芸用ボンドで
接着し、メタルフープとオーガンジーを一緒に
巻きかがりする。
②図案をオーガンジーに写し、刺しゅうする。
チェコガラスパールはビーズステッチ用糸で縫
いとめる。
③オーガンジーを巻きかがりの際でカットし、
縁にほつれ止め液を塗る。
④❶～❸と同様にパーツをもう1個作る。刺し
ゅうの図案は左右で変える。
⑤〈 組み立て 〉の図のように、丸カンで刺し
ゅうしたパーツとピアス金具をつなぐ。

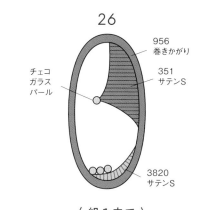

26

956
巻きかがり

351
サテンS

チェコ
ガラス
パール

3820
サテンS

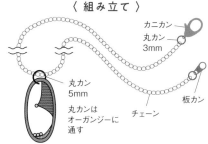

〈 組み立て 〉

カニカン

丸カン
3mm

丸カン
5mm

丸カンは
オーガンジーに
通す

チェーン

板カン

26
①作品25の❶～❸と同様に、メタルフープを芯
にして刺しゅうのパーツを作る。
②〈 組み立て 〉の図のように、丸カンを刺し
ゅうしたパーツにつなぎ、チェーンを通す。チ
ェーンの両端には丸カン3mmでカニカン、板
カンをつなぐ。

27-29   p.15

ピンブローチ　サイズ：縦4×横2.8cm

材料

オーガンジー（白）
チェコガラスパール（3mm・ホワイト）
　…8個
ラインストーン（爪つきラウンド・6mm・
　クリスタル×ゴールド）…1個
タックピン金具（10mm・ライトゴールド）
　…1個
レザー（0.5mm厚）
クリアファイル、ビーズステッチ用糸

作り方

①p.44「クリアファイルを芯にする」を参照して作る。芯の型紙2種類をそれぞれクリアファイルに写して切り取る。
②円のクリアファイルとオーガンジーを一緒に巻きかがりする。続いて、円の下にリボンのクリアファイルを置いて巻きかがりをする。リボンは左右に合計2個巻きかがりする。
③ビーズ刺しゅう針とビーズステッチ用糸で円の中心にラインストーンを縫いとめ、その周りにチェコガラスパール8個を縫いとめる。
④オーガンジーを巻きかがりの際でカットし、縁にほつれ止め液を塗る。
⑤レザーを丸く切り取り、裏のタックピンつけ位置に多用途接着剤で貼る。
⑥❺のレザーとタックピン金具を多用途接着剤で貼り合わせる。

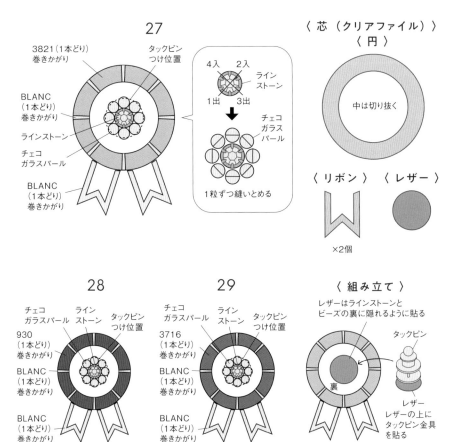

27

3821（1本どり）巻きかがり
タックピンつけ位置
BLANC（1本どり）巻きかがり
ラインストーン
チェコガラスパール
BLANC（1本どり）巻きかがり

4入　2入
ラインストーン
1出　3出
チェコガラスパール
1粒ずつ縫いとめる

〈 芯（クリアファイル）〉
〈 円 〉
中は切り抜く

〈 リボン 〉　〈 レザー 〉
×2個

28

チェコガラスパール
ラインストーン
タックピンつけ位置
930（1本どり）巻きかがり
BLANC（1本どり）巻きかがり
BLANC（1本どり）巻きかがり

29

チェコガラスパール
ラインストーン
タックピンつけ位置
3716（1本どり）巻きかがり
BLANC（1本どり）巻きかがり
BLANC（1本どり）巻きかがり

〈 組み立て 〉
レザーはラインストーンとビーズの裏に隠れるように貼る
タックピン
裏
レザー
レザーの上にタックピン金具を貼る

30-33 p.16

ペンダント　サイズ：モチーフ縦4.1×2.1cm（カンを除く）、
　　　　　　　　長さ40cm

材料
オーガンジー（白）
メタルフープ（オーバル・20×40mm・
　ゴールド）…1個
丸カン（0.6×3mm・ゴールド）…2個
チェーンネックレス（40cm・ゴールド）
　…1本

作り方
①p.42「メタルフープを芯にする」を参照して、
メタルフープをオーガンジーに手芸用ボンドで
接着し、メタルフープとオーガンジーを一緒に
巻きかがりする。
②図案をオーガンジーに写し、刺しゅうする。
③オーガンジーを巻きかがりの際でカットし、
縁にほつれ止め液を塗る。
④〈組み立て〉の図のように、丸カンで刺し
ゅうしたパーツとチェーンネックレスをつなぐ。

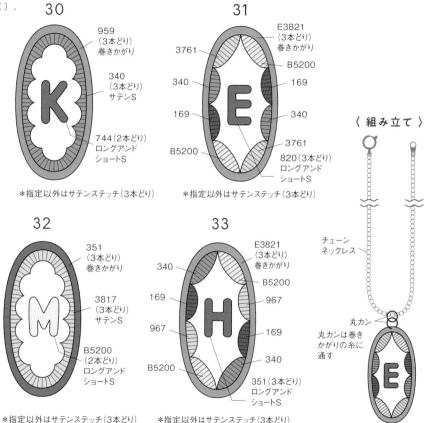

30

959
（3本どり）
巻きかがり

340
（3本どり）
サテンS

744（2本どり）
ロングアンド
ショートS

＊指定以外はサテンステッチ（3本どり）

31

E3821
（3本どり）
巻きかがり

3761

B5200

340

169

169

340

B5200

3761

820（3本どり）
ロングアンド
ショートS

＊指定以外はサテンステッチ（3本どり）

32

351
（3本どり）
巻きかがり

3817
（3本どり）
サテンS

B5200
（2本どり）
ロングアンド
ショートS

＊指定以外はサテンステッチ（3本どり）

33

E3821
（3本どり）
巻きかがり

340

B5200

169

967

967

169

B5200

340

351（3本どり）
ロングアンド
ショートS

＊指定以外はサテンステッチ（3本どり）

〈組み立て〉

チェーン
ネックレス

丸カン

丸カンは巻き
かがりの糸に
通す

63

34-36 p.17

ブローチ　サイズ：直径3.1cm

材料
オーガンジー（白）
ブローチ金具（リング型・30mm・シルバー）
　…1個

作り方
①p.42「メタルフープを芯にする」を参照して、
ブローチ金具のリングに手芸用ボンドを塗り、
オーガンジーに接着する。リングとオーガンジーを一緒に巻きかがりする。裏面の金具部分は
避けて巻きかがる。
②図案をオーガンジーに写し、刺しゅうする。
③オーガンジーを巻きかがりの際でカットし、
縁にほつれ止め液を塗る。

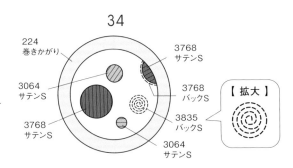

34

224
巻きかがり

3768
サテンS

3064
サテンS

3768
バックS

3768
サテンS

3835
バックS

3064
サテンS

【拡大】

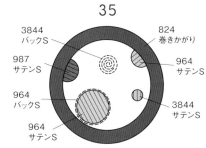

35

3844
バックS

824
巻きかがり

987
サテンS

964
サテンS

964
バックS

3844
サテンS

964
サテンS

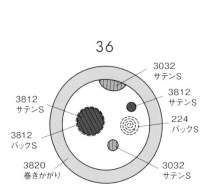

36

3032
サテンS

3812
サテンS

3812
サテンS

224
バックS

3812
バックS

3820
巻きかがり

3032
サテンS

37, 38　p.18

イヤリング　サイズ：縦3.5×横2.3cm
（イヤリング金具を除く）

材料

オーガンジー（白）
コットンパール（ホワイト・6mm）…2個
丸カン（0.7×4.5mm・ゴールド）…2個
9ピン（0.7×15mm・ゴールド）…2本
イヤリング金具（カンつき・ゴールド）…1組
＊オーガンジーはシルク100％を推奨

作り方

①p.45「芯なしで巻きかがる」を参照して作る。
オーガンジーを2枚重ね、図案を写す。
②ランニングステッチをする。ランニングステッチは、巻きかがりの2本の線の中央を刺していく。
③②の上から巻きかがりをする。
④ストレートステッチ、ランニングステッチの順に刺しゅうをする。
⑤オーガンジーを巻きかがりの際でカットし、縁にほつれ止め液を塗る。
⑥①〜⑤と同様にパーツをもう1個作る。
⑦〈パーツ〉の図のように、コットンパールに9ピンを通して先を丸めたパーツを2個作る（p.47「ピンの使い方」参照）。
⑧〈組み立て〉の図のように、全体をつなぐ。

37

809
ランニングS、
巻きかがり

809
ランニングS

809
ストレートS

＊糸はすべて1本どり
　巻きかがり以外は始めと終わりに玉どめをする

×2個

38

3779
ランニングS、
巻きかがり

3779
ランニングS

3779
ストレートS

＊糸はすべて1本どり
　巻きかがり以外は始めと終わりに玉どめをする

×2個

〈 ストレートステッチ 〉

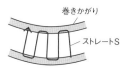

巻きかがり

ストレートS

1mm間隔で巻きかがりの糸を
拾いながら刺す

〈 パーツ 〉

9ピン

コットンパール

×2個

〈 組み立て 〉

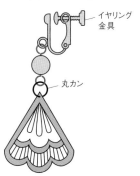

イヤリング
金具

丸カン

39-42　p.19

ペンダント　サイズ：モチーフ縦3.2×横2.1cm
　　　　　　（カンを除く）、長さ 40cm

材料
オーガンジー（白）
メタルパーツ（カンつきシズク・20×30mm・
　ゴールド）…1個
丸カン（0.6×3mm・ゴールド）…1個
チェーンネックレス（40cm・ゴールド）
　…1本

作り方
①p.42「メタルフープを芯にする」を参照して、
メタルパーツをオーガンジーに手芸用ボンドで
接着し、メタルパーツとオーガンジーを一緒に
巻きかがりする。カンの部分は巻きかがりしな
い。
②図案をオーガンジーに写し、刺しゅうする。
③オーガンジーを巻きかがりの際でカットし、
縁にほつれ止め液を塗る。
④〈組み立て〉の図のように丸カンで、刺し
ゅうしたパーツとチェーンネックレスをつなぐ。

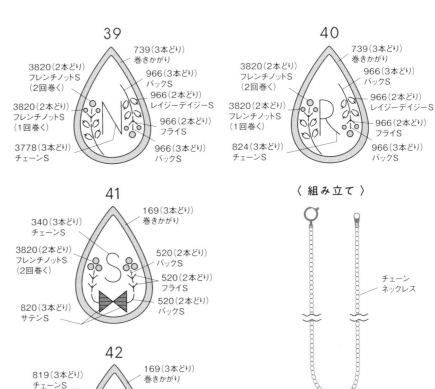

39
739（3本どり）
巻きかがり
3820（2本どり）
フレンチノットS
（2回巻く）
966（3本どり）
バックS
3820（2本どり）
フレンチノットS
（1回巻く）
966（2本どり）
レイジーデイジーS
966（2本どり）
フライS
3778（3本どり）
チェーンS
966（3本どり）
バックS

40
739（3本どり）
巻きかがり
3820（2本どり）
フレンチノットS
（2回巻く）
966（3本どり）
バックS
3820（2本どり）
フレンチノットS
（1回巻く）
966（2本どり）
レイジーデイジーS
966（2本どり）
フライS
824（3本どり）
チェーンS
966（3本どり）
バックS

41
169（3本どり）
巻きかがり
340（3本どり）
チェーンS
3820（2本どり）
フレンチノットS
（2回巻く）
520（2本どり）
バックS
520（2本どり）
フライS
820（3本どり）
サテンS
520（2本どり）
バックS

42
169（3本どり）
巻きかがり
819（3本どり）
チェーンS
3820（2本どり）
フレンチノットS
（2回巻く）
520（2本どり）
バックS
520（2本どり）
フライS
892（3本どり）
サテンS
520（2本どり）
バックS

〈 組み立て 〉
チェーン
ネックレス
丸カン

43

p.20

ブローチ　サイズ：縦4×横4.3cm

材料
オーガンジー（白）
ブローチ金具（回転式・21mm・シルバー）
　…1組
＊オーガンジーはシルク100%を推奨

作り方
①p.45「芯なしで巻きかがる」を参照して作る。
オーガンジーを2枚重ね、図案を写す。
②羽の外枠と胴体をランニングステッチする。
③❷の上から巻きかがりする。
④胴体の中をフレンチノットステッチでうめる。
⑤羽の模様をランニングステッチ、フレンチノ
ットステッチの順に刺しゅうをする。
⑥オーガンジーを巻きかがりの際でカットし、
縁にほつれ止め液を塗る。
⑦胴体の裏面のブローチ金具つけ位置に、ブロ
ーチ金具を縫いとめる。

〈 組み立て 〉

ブローチ金具
ブローチ金具は針を
外して4カ所縫いと
める

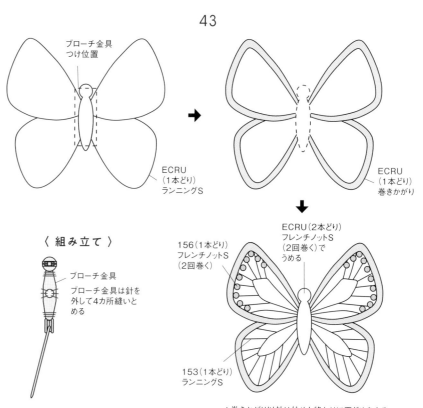

43

ブローチ金具
つけ位置

ECRU
（1本どり）
ランニングS

ECRU
（1本どり）
巻きかがり

ECRU（2本どり）
フレンチノットS
（2回巻く）で
うめる

156（1本どり）
フレンチノットS
（2回巻く）

153（1本どり）
ランニングS

＊巻きかがり以外は始めと終わりに玉どめをする

67

44-49　p.20-21

ピアス　サイズ：縦2.5×横2.4cm
　　　　　　　（ピアス金具を除く）

材料
オーガンジー（白）
ピアス金具（フープ・20mm・ゴールド）
　…1組
＊オーガンジーはシルク100％を推奨

作り方
①p.45「芯なしで巻きかがる」を参照して作る。
オーガンジー1枚に図案を写す。
②ストレートステッチ、サテンステッチ、バリオンステッチの順に花びらの中の模様を刺しゅうする。
③オーガンジーを2枚重ねて、ランニングステッチで花びらの外枠を刺しゅうする。ランニングステッチは、巻きかがりの2本の線の中央に刺していく。
④❸の上から巻きかがりする。
⑤オーガンジーを巻きかがりの際でカットし、縁にほつれ止め液を塗る。
⑥❶～❺と同様にパーツをもう1個作る。
⑦〈組み立て〉の図のように、ピアス金具をパーツに通す。

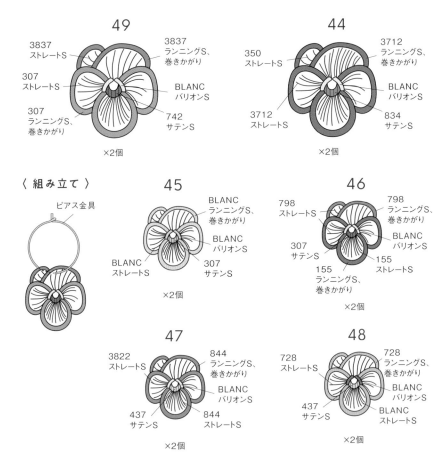

49
3837 ストレートS
3837 ランニングS、巻きかがり
307 ストレートS
BLANC バリオンS
307 ランニングS、巻きかがり
742 サテンS
×2個

44
350 ストレートS
3712 ランニングS、巻きかがり
BLANC バリオンS
3712 ストレートS
834 サテンS
×2個

〈 組み立て 〉
ピアス金具

45
BLANC ランニングS、巻きかがり
BLANC バリオンS
BLANC ストレートS
307 サテンS
×2個

46
798 ストレートS
798 ランニングS、巻きかがり
307 サテンS
BLANC バリオンS
155 ランニングS、巻きかがり
155 ストレートS
×2個

47
3822 ストレートS
844 ランニングS、巻きかがり
437 サテンS
BLANC バリオンS
844 ストレートS
×2個

48
728 ストレートS
728 ランニングS、巻きかがり
437 サテンS
BLANC バリオンS
BLANC ストレートS
×2個

＊糸はすべて1本どり
　巻きかがり以外は始めと終わりに玉どめをする

50, 51　p.22

ピアス　サイズ：長さ3.3cm

材料
50
メタルフラワー（14mm・ブルー）…2個
51
メタルフラワー（14mm・ホワイト）…2個
共通
オーガンジー（白）
メタルパーツ（カンつきマーキス・
　20×12mm・ライトゴールド）…2個
無穴パール（5mm・ホワイト）…2個
ピアス金具（お椀つき・ライトゴールド）
　…1組

作り方
①P.42「メタルフープを芯にする」を参照して、
メタルパーツをオーガンジーに接着し、メタル
パーツとオーガンジーを一緒に巻きかがりする。
カンの部分は巻きかがりしない。
②オーガンジーを巻きかがりの際でカットし、
縁にほつれ止め液を塗る。
③❶、❷と同様にパーツをもう1個作る。
④〈組み立て〉の図のように、多用途接着剤
でピアス金具のお椀に無穴パールを貼る。
⑤多用途接着剤で、ピアス金具をメタルフラワ
ーに貼る。
⑥ピアス金具を巻きかがったパーツのカンに通
す。

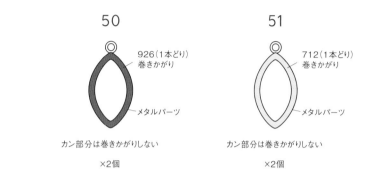

50　　　　　　51

926（1本どり）巻きかがり　712（1本どり）巻きかがり

メタルパーツ　　　メタルパーツ

カン部分は巻きかがりしない　　カン部分は巻きかがりしない

×2個　　　　　×2個

〈組み立て〉

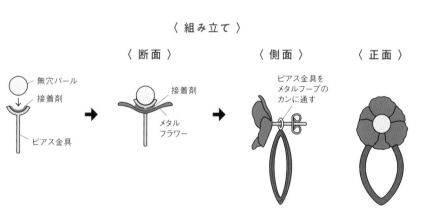

〈断面〉　〈側面〉　〈正面〉

無穴パール
接着剤
ピアス金具

接着剤
メタルフラワー

ピアス金具をメタルフープのカンに通す

52 p.23

ブローチ サイズ：直径4cm

材料
オーガンジー（白）
ブローチ金具（30mm・シルバー）…1個
クリアファイル

作り方
①p.44「クリアファイルを芯にする」を参照して作る。芯の型紙をクリアファイルに写して切り取り、クリアファイルとオーガンジーを一緒に巻きかがりする。
②図案をオーガンジーに写す。
③裏のブローチ金具つけ位置に、ブローチ金具を縫いとめる。
④図案の通り刺しゅうする。
⑤オーガンジーを巻きかがりの際でカットし、縁にほつれ止め液を塗る。
⑥縁を刺しゅうと同じ色の糸でまつり縫いする。

52

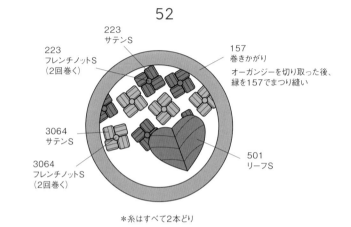

223
サテンS

223
フレンチノットS
（2回巻く）

157
巻きかがり
オーガンジーを切り取った後、
縁を157でまつり縫い

3064
サテンS

3064
フレンチノットS
（2回巻く）

501
リーフS

＊糸はすべて2本どり

〈 芯 （クリアファイル） 〉　　〈 組み立て 〉

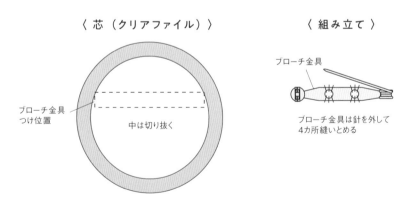

ブローチ金具
つけ位置

中は切り抜く

ブローチ金具

ブローチ金具は針を外して
4カ所縫いとめる

53

イヤリング　サイズ：直径2.8cm

材料
オーガンジー（白）
レザー（0.5mm厚・白）
イヤリング金具（クリップ・ゴールド）
　…1組
＊オーガンジーはシルク100％を推奨

作り方
①p.45「芯なしで巻きかがる」を参照して作る。
オーガンジーを2枚重ね、図案を写す。
②図案に沿って中心の円と花びらのランニング
ステッチをする。花びらのランニングステッチ
は、巻きかがりの2本の線の中央を刺していく。
③中心の円を、❷で刺したランニングステッチ
の上から巻きかがりする。
④円の中をフレンチノットステッチでうめる。
⑤花びらの外枠を、❷で刺したランニングステッ
チの上から巻きかがりする。
⑥花びらの筋のランニングステッチをする。
⑦オーガンジーを花びらの外枠の巻きかがりの
際でカットし、縁にほつれ止め液を塗る。
⑧❶～❼と同様にパーツをもう1個作る。
⑨裏布の型紙をレザーに写して切り、刺しゅう
したパーツの裏面のイヤリング金具つけ位置に、
多用途接着剤で貼る。
⑩❾で貼ったレザーに、イヤリング金具を多用
途接着剤で貼る。

53

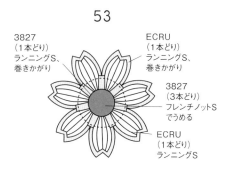

3827
（1本どり）
ランニングS、
巻きかがり

ECRU
（1本どり）
ランニングS、
巻きかがり

3827
（3本どり）
フレンチノットS
でうめる

ECRU
（1本どり）
ランニングS

〈 組み立て 〉

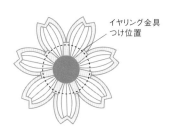

イヤリング金具
つけ位置

〈 裏布 （レザー） 〉

×2枚

54

p.24

ロングピアス　サイズ：長さ6.5cm
　　　　　　　　（ピアス金具は除く）

材料

オーガンジー（白）
淡水パール（ライス・3.5mm・ホワイト）
　…2個
デザインピン（0.5×20mm・ゴールド）…2本
丸カン（0.5×2mm・ゴールド）…2個
丸カン（0.7×3.5mm・ゴールド）…2個
丸カン（0.5×4.5mm・ゴールド）…4個
ピアス金具（U字・ゴールド）…1組
チェーン（ゴールド）…4cm×2本
＊オーガンジーはシルク100％を推奨

作り方

①p.45「芯なしで巻きかがる」を参照して作る。
オーガンジーを2枚重ね、図案を写す。
②図案に沿ってリーフの外枠のランニングステッチをする。ランニングステッチは巻きかがりの2本の線の中央を刺していく。
③ランニングステッチの上から巻きかがりをする。
④リーフの筋のランニングステッチをする。

⑤オーガンジーを巻きかがりの際でカットし、縁にほつれ止め液を塗る。
⑥糸の色を変えて❶～❺と同様にパーツを合計4個作る。
⑦〈 パーツ 〉の図のように、淡水パールにデザインピンを通して先を丸めたパーツを2個作る（p.47「ピンの使い方」参照）。
⑧〈 組み立て 〉の図のように、丸カンで全体をつなぐ。

54

3830（1本どり）
ランニングS、
巻きかがり

3830（1本どり）
ランニングS

×2個

3826（1本どり）
ランニングS、
巻きかがり

3826（1本どり）
ランニングS

×2個

〈 パーツ 〉

デザインピン

淡水パール

×2個

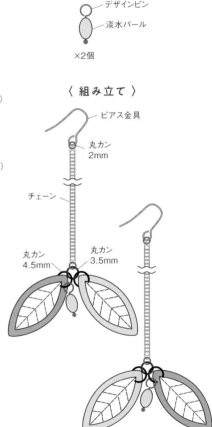

〈 組み立て 〉

ピアス金具

丸カン
2mm

チェーン

丸カン
4.5mm

丸カン
3.5mm

55, 56 p.25

イヤリング　サイズ：長さ3.3cm

材料
共通
オーガンジー（白）
メタルフープ（サークル・14mm・
　ライトゴールド）…2個
丸カン（0.6×3mm・ライトゴールド）…2個
イヤリング金具（ゴールド）…1組
55
カボション（半円・14mm・イエロー）…2個
56
カボション（半円・14mm・アンバー）…2個

作り方
①p.42「メタルフープを芯にする」を参照して、
　メタルフープをオーガンジーに手芸用ボンドで
　接着し、メタルフープとオーガンジーを一緒に
　巻きかがりする。丸カンも一緒に巻きかがる。
②オーガンジーを巻きかがりの際でカットし、
　縁にほつれ止め液を塗る。
③❶、❷と同様にパーツをもう1個作る。
④多用途接着剤で、イヤリング金具にカボショ
　ンを貼る。
⑤〈組み立て〉の図のように、イヤリング金
　具に、巻きかがったパーツの丸カンをつなぐ。

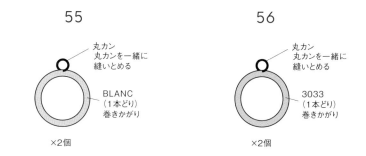

55

丸カン
丸カンを一緒に
縫いとめる

BLANC
（1本どり）
巻きかがり

×2個

56

丸カン
丸カンを一緒に
縫いとめる

3033
（1本どり）
巻きかがり

×2個

〈 組み立て 〉

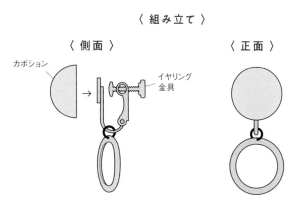

〈 側面 〉

カボション

イヤリング
金具

〈 正面 〉

57

p.25

ネックレス　サイズ：長さ53cm

材料
オーガンジー（白）
メタルフープ（サークル・17mm・ゴールド）
　…1個
メタルフープ（サークル・14mm・ゴールド）
　…1個
メタルフープ（サークル・9mm・ゴールド）
　…1個
チェコガラスパール（3mm・ホワイト）
　…12個
丸カン（0.6×3mm・ゴールド）…7個
引き輪（ゴールド）…1個
板カン（ゴールド）…1個
チェーン（ゴールド）…22.5cm×2本
テグス（クリア・2号）…25cm

作り方
①〈A〉を作る。p.42「メタルフープを芯に
する」を参照して、メタルフープ17mmをオー
ガンジーに手芸用ボンドで接着し、メタルフー
プとオーガンジーを一緒に巻きかがりする。
②オーガンジーを巻きかがりの際でカットし、
縁にほつれ止め液を塗る。
③メタルフープ14mm、9mmも❶、❷と同様
に巻きかがり、〈B〉と〈C〉を作る。
④テグスにチェコガラスパールを通して輪にし
た〈D〉を作る。
⑤〈組み立て〉の図のように、丸カンで全体
をつなぐ。

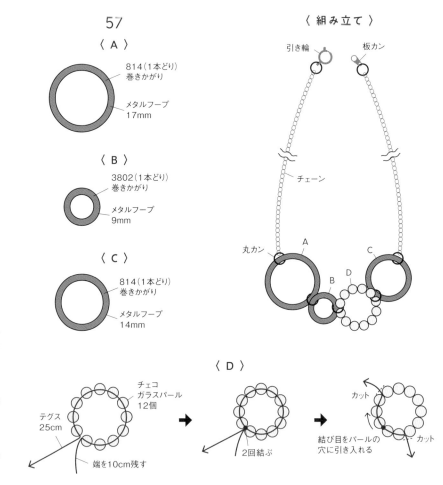

〈A〉

814（1本どり）
巻きかがり

メタルフープ
17mm

〈B〉

3802（1本どり）
巻きかがり

メタルフープ
9mm

〈C〉

814（1本どり）
巻きかがり

メタルフープ
14mm

〈組み立て〉

引き輪
板カン
チェーン
丸カン
A　B　C　D

〈D〉

チェコ
ガラスパール
12個

テグス
25cm

端を10cm残す

2回結ぶ

カット

カット

結び目をパールの
穴に引き入れる

58   p.26

ピアス　サイズ：長さ3.8cm（ピアス金具は除く）

材料
オーガンジー（白）
コットンパール（6mm・ホワイト）…2個
9ピン（0.8×18mm・ゴールド）…2本
丸カン（0.8×4mm・ゴールド）…2個
ピアス金具（U字・ゴールド）…1組
＊オーガンジーはシルク100%を推奨

作り方
①p.45「芯なしで巻きかがる」を参照して作る。
オーガンジーを2枚重ね、図案を写す。
②図案に沿ってランニングステッチをする。ランニングステッチは、巻きかがり2本の線の中央を刺していく。
③ランニングステッチの上から巻きかがりをする。
④リボンの結び目のところ4カ所に、ストレートステッチをする。
⑤オーガンジーを巻きかがりの際でカットし、縁にほつれ止め液を塗る。
⑥丸カンをリボンの結び目のところに縫いとめる。
⑦❶～❻と同様に刺しゅうのパーツをもう1個作る。
⑧〈パーツ〉の図のように、コットンパールに9ピンを通して先を丸めたパーツを2個作る（p.47「ピンの使い方」参照）。
⑨〈組み立て〉の図のように、全体をつなぐ。

58

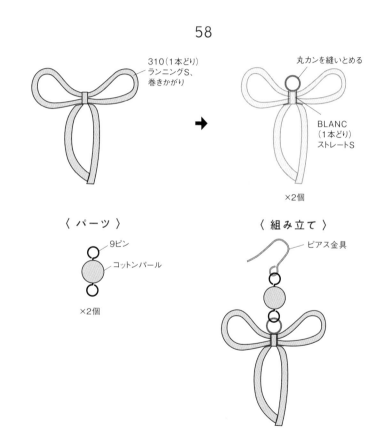

310（1本どり）
ランニングS、
巻きかがり

丸カンを縫いとめる

BLANC
（1本どり）
ストレートS

×2個

〈 パーツ 〉

9ピン
コットンパール

×2個

〈 組み立て 〉

ピアス金具

59, 60 p.26

ヘアゴム／カブトピン
サイズ：モチーフ直径4.3cm

材料
59
オーガンジー（白）
メタルフープ（スクエア・30mm・ゴールド）
　…1個
コットンパール（ホワイト・10mm）…1個
Tピン（0.5×20mm・ゴールド）…1本
丸カン（0.6×3mm・ゴールド）…1個
丸カン（0.8×4mm・ゴールド）…1個
Cカン（0.8×4×5mm・ゴールド）…1個
ヘアゴム（茶）…1個
60
オーガンジー（白）
メタルフープ（スクエア・30mm・ゴールド）
　…1個
コットンパール（ホワイト・10mm）…1個
Tピン（0.5×20mm・ゴールド）…1本
丸カン（0.6×3mm・ゴールド）…1個
丸カン（0.8×4mm・ゴールド）…2個
カブトピン（カンつき・50mm・ゴールド）
　…1個

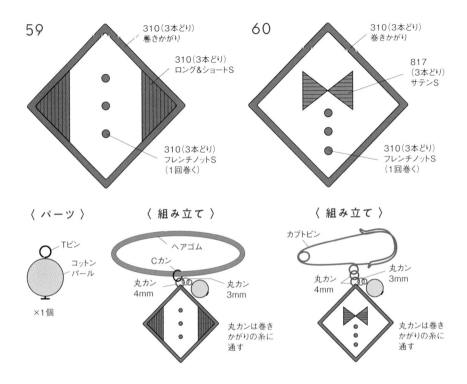

59
310（3本どり）
巻きかがり
310（3本どり）
ロング＆ショートS
310（3本どり）
フレンチノットS
（1回巻く）

60
310（3本どり）
巻きかがり
817
（3本どり）
サテンS
310（3本どり）
フレンチノットS
（1回巻く）

〈 パーツ 〉
Tピン
コットン
パール
×1個

〈 組み立て 〉
ヘアゴム
Cカン
丸カン
4mm
丸カン
3mm
丸カンは巻き
かがりの糸に
通す

〈 組み立て 〉
カブトピン
丸カン
3mm
丸カン
4mm
丸カンは巻き
かがりの糸に
通す

作り方
①P.42「メタルフープを芯にする」を参照して
メタルフープをオーガンジーに手芸用ボンドで
接着し、メタルフープとオーガンジーを一緒に
巻きかがりする。
②図案をオーガンジーに写し、刺しゅうする。
③オーガンジーを巻きかがりの際でカットし、
縁にほつれ止め液を塗る。
④〈 パーツ 〉の図のようにコットンパールに
Tピンを通して先を丸めたパーツを作る（p.47
「ピンの使い方」参照）。
⑤〈 組み立て 〉の図のように丸カン（作品59
は丸カンとCカン）で全体をつなぐ。

61, 62　p.27

ブレスレット　サイズ：モチーフ縦3.7×横7.5cm、
　　　　　　　　　　　　長さ21cm

材料
オーガンジー（白）
Cカン（0.6×3×4mm・真鍮古美）…4個
引き輪（真鍮古美）…1個
板カン（真鍮古美）…1個
チェーン（真鍮古美）…5.5cm×2本
クリアファイル

作り方
①p.44「クリアファイルを芯にする」を参照し
て作る。芯の型紙をクリアファイルに写して切
り取り、クリアファイルとオーガンジーを一緒
に巻きかがりする。
②図案をオーガンジーに写し、刺しゅうする。
③オーガンジーを巻きかがりの際でカットし、
縁にほつれ止め液を塗る。
④縁を刺しゅうと同じ色の糸でまつり縫いする。
Cカンも一緒に縫いとめる。
⑤〈 組み立て 〉の図のように刺しゅうパーツ
に縫いとめたCカンにチェーンをつなぎ、Cカ
ンでチェーンと引き輪、板カンをつなぐ。

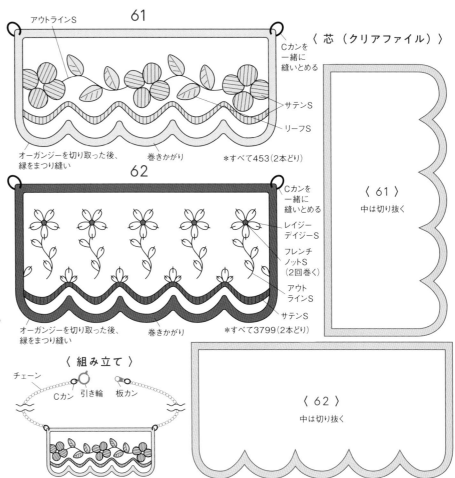

61

アウトラインS
Cカンを一緒に縫いとめる
サテンS
リーフS
オーガンジーを切り取った後、縁をまつり縫い
巻きかがり
＊すべて453（2本どり）

62

Cカンを一緒に縫いとめる
レイジーデイジーS
フレンチノットS（2回巻く）
アウトラインS
サテンS
オーガンジーを切り取った後、縁をまつり縫い
巻きかがり
＊すべて3799（2本どり）

〈 芯（クリアファイル）〉

〈 61 〉
中は切り抜く

〈 62 〉
中は切り抜く

〈 組み立て 〉
チェーン
Cカン
引き輪
板カン

63, 64　p.28

ピンブローチ　サイズ：縦4.5×横2.3cm

材料
オーガンジー（白）
丸小ビーズ（中銀）…2個
竹ビーズ（1分竹・中銀）…1個
スリーカットビーズ（ホワイト）…2個
カットガラス
　（ソロバン・4mm・クリスタル）…1個
パールビーズ（ラウンド・5mm・ホワイト）
　…1個
パールビーズ（ナツメ・3×6mm・
　ホワイト）…1個
スパンコール（亀甲・5mm・アイボリー）
　…1個
タックピン金具（10mm・ライトゴールド）
　…1個
レザー（0.5mm厚・白）
クリアファイル、ビーズステッチ用糸

作り方
①p.44「クリアファイルを芯にする」を参照し
て作る。芯の型紙をクリアファイルに写して切
り取り、クリアファイルとオーガンジーを一緒
に巻きかがりする。
②図案をオーガンジーに写し、図案の通りに刺
しゅうする。ビーズはビーズ刺しゅう針とビー
ズステッチ用糸で縫いとめる。
③オーガンジーを巻きかがりの際でカットし、
縁にほつれ止め液を塗る。

④レザーを丸く切り取り、裏面のタックピンつ
け位置に多用途接着剤で貼る。
⑤④のレザーとタックピン金具を多用途接着剤
で貼り合わせる。

63

523
（1本どり）
巻きかがり

523
（1本どり）
サテンS

523
（2本どり）
バックS

タックピン
つけ位置

スリーカット
ビーズ
スパン
コール
パールビーズ
（ナツメ）
丸小
ビーズ
竹ビーズ
カットガラス
パールビーズ

1粒ずつ縫いとめる

64

762
（1本どり）
巻きかがり

762
（1本どり）
サテンS

762
（2本どり）
バックS

タックピン
つけ位置

〈 芯（クリアファイル）〉

中は切り抜く

〈 レザー 〉

〈 組み立て 〉

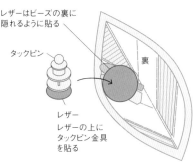

レザーはビーズの裏に
隠れるように貼る

タックピン

裏

レザー
レザーの上に
タックピン金具
を貼る

65　p.29

ネックレス　サイズ：モチーフ縦2.5×横8cm、
長さ59cm

材料

オーガンジー（白）
三角カン（0.6×5mm・ライトゴールド）
…2個
チェーンネックレス（50cm・ゴールド）
…1本
クリアファイル

作り方

①p.44「クリアファイルを芯にする」を参照して作る。芯の型紙をクリアファイルに写して切り取り、クリアファイルとオーガンジーを一緒に巻きかがりする。
②図案をオーガンジーに写し、刺しゅうする。
③オーガンジーを巻きかがりの際でカットし、縁にほつれ止め液を塗る。
④縁を刺しゅうと同じ色の糸でまつり縫いする。三角カンも一緒に縫いとめる。
⑤チェーンネックレスのチェーンをニッパーで半分にカットし、カットした先を④で縫いとめた三角カンにつなぐ。

65

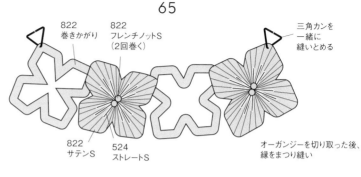

822
巻きかがり

822
フレンチノットS
（2回巻く）

三角カンを
一緒に
縫いとめる

822
サテンS

524
ストレートS

オーガンジーを切り取った後、
縁をまつり縫い

〈 芯（クリアファイル）〉

中は切り抜く

〈 組み立て 〉

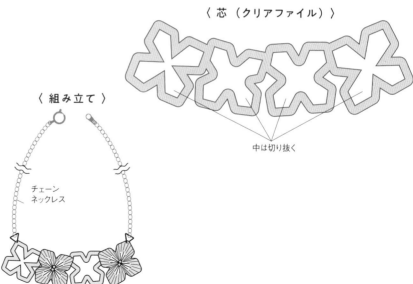

チェーン
ネックレス

66, 67　p.30

ピアス　サイズ：モチーフ縦2.3×横2.7cm、
　　　　　　　　長さ3.5cm

材料
オーガンジー（白）
コットンパール（ホワイト・8mm）…2個
丸カン（0.7×3.5mm・シルバー）…2個
Ｔピン（0.5×21mm・シルバー）…2本
ピアス金具（ポストピアス平板・6mm・
　シルバー）…1組
クリアファイル

作り方
①図案をオーガンジーに写し、ピアス金具つけ
位置にピアス金具を刺す。
②図案の通りに刺しゅうする。ピアス金具の平
板部分も一緒に縫いとめる。
③オーガンジーを刺しゅうの際でカットし、縁
にほつれ止め液を塗る。
④縁を刺しゅうと同じ色の糸でまつり縫いする。
⑤❶～❹と同様に、刺しゅうのパーツをもう1
個作る。
⑥〈パーツ〉の図のように、コットンパール
にＴピンを通して先を丸めたパーツを2個作る
（p.47「ピンの使い方」参照）。
⑦〈組み立て〉の図のように、丸カンで刺し
ゅうしたパーツとＴピンパーツをつなぐ。

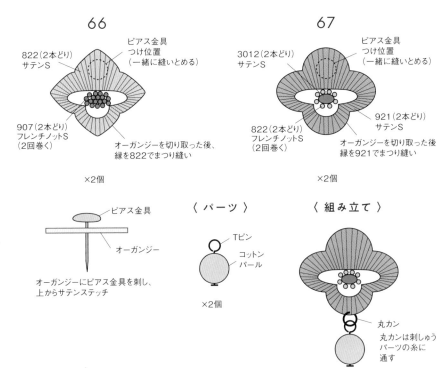

66

822（2本どり）
サテンS

ピアス金具
つけ位置
（一緒に縫いとめる）

907（2本どり）
フレンチノットS
（2回巻く）

オーガンジーを切り取った後、
縁を822でまつり縫い

×2個

67

3012（2本どり）
サテンS

ピアス金具
つけ位置
（一緒に縫いとめる）

921（2本どり）
サテンS

822（2本どり）
フレンチノットS
（2回巻く）

オーガンジーを切り取った後、
縁を921でまつり縫い

×2個

ピアス金具

オーガンジー

オーガンジーにピアス金具を刺し、
上からサテンステッチ

〈パーツ〉

Ｔピン

コットン
パール

×2個

〈組み立て〉

丸カン

丸カンは刺しゅう
パーツの糸に
通す

68 p.30

ネックレス　サイズ：モチーフ縦4×横6.8cm、
　　　　　　　　　　長さ57cm

材料
オーガンジー（白）
三角カン（0.6×5mm・ライトゴールド）
　…2個
チェーンネックレス（50cm・ゴールド）
　…1本
クリアファイル

作り方
①芯の型紙をクリアファイルに写して切り取る。
②図案をオーガンジーに写し、クリアファイル
をオーガンジーに重ねて一緒に刺しゅうする。
③オーガンジーを刺しゅうの際でカットし、縁
にほつれ止め液を塗る。
④縁を刺しゅうと同じ色の糸でまつり縫いする。
三角カンも一緒に縫いとめる。
⑤チェーンネックレスのチェーンをニッパーで
半分にカットし、〈組み立て〉の図のように
三角カンにつなぐ。

68

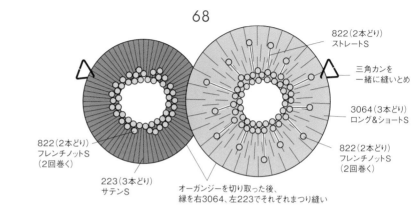

822（2本どり）
ストレートS

三角カンを
一緒に縫いとめ

3064（3本どり）
ロング＆ショートS

822（2本どり）
フレンチノットS
（2回巻く）

822（2本どり）
フレンチノットS
（2回巻く）

223（3本どり）
サテンS

オーガンジーを切り取った後、
縁を右3064、左223でそれぞれまつり縫い

〈芯（クリアファイル）〉

中は切り抜く

〈組み立て〉

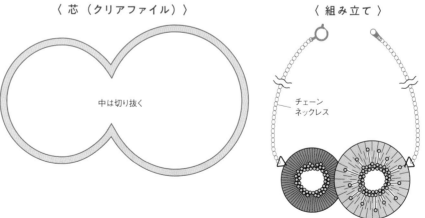

チェーン
ネックレス

69, 70　p.31

ブレスレット　サイズ：長さ17.5cm
（アジャスターを除く）

材料
オーガンジー（白）
メタルフープ（サークル・12mm・ゴールド）
　…3個
丸カン（0.5×4mm・ゴールド）…6個
丸カン（0.5×3.5mm・ゴールド）…6個
カニカン（ゴールド）…1個
アジャスター（ゴールド）…1個
チェーン（ゴールド）…5.5cm×2本

作り方
①p.42「メタルフープを芯にする」を参照して、
メタルフープをオーガンジーに手芸用ボンドで
接着し、メタルフープとオーガンジーを一緒に
巻きかがりする。
②図案をオーガンジーに写し、刺しゅうする。
③オーガンジーを巻きかがりの際でカットし、
縁にほつれ止め液を塗る。
④❶～❸と同様にパーツをもう2個作る。
⑤〈組み立て〉の図のように、丸カンで刺し
ゅうしたパーツとカニカン、アジャスターをつ
なぐ。

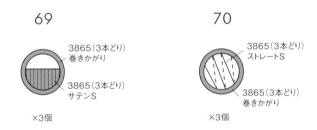

69

3865（3本どり）
巻きかがり

3865（3本どり）
サテンS

×3個

70

3865（3本どり）
ストレートS

3865（3本どり）
巻きかがり

×3個

〈 組み立て 〉

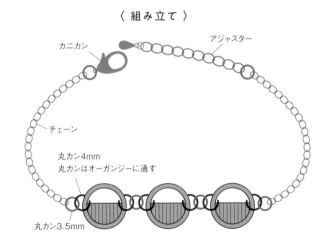

カニカン

アジャスター

チェーン

丸カン4mm
丸カンはオーガンジーに通す

丸カン3.5mm

82

71

p.32

ブレスレット　サイズ：長さ21cm

材料
オーガンジー（白）
コットンパール（8mm・ホワイト）…2個
Cカン（0.6×3×4mm・真鍮古美）…4個
9ピン（0.6×21mm・真鍮古美）…2本
引き輪（真鍮古美）…1個
板カン（真鍮古美）…1個
チェーン（真鍮古美）…3.5cm×2本
クリアファイル

作り方
①〈パーツ〉の図のように、コットンパール
に9ピンを通して先を丸めたパーツを2個作る
（p.47「ピンの使い方」参照）。
②〈大〉を作る。p.42「クリアファイルを芯
にする」を参照して、芯の型紙をクリアファイル
に写して切り取り、オーガンジーに手芸用ボン
ドで接着する。クリアファイルとオーガンジ
ーを一緒に巻きかがりする。
③図案をオーガンジーに写し、刺しゅうする。
④オーガンジーを巻きかがりの際でカットし、
縁にほつれ止め液を塗る。
⑤縁を刺しゅうと同じ色の糸でまつり縫いする。
9ピンパーツも一緒に縫いとめる。
⑥〈小〉を作る。図案をオーガンジーに写し、
刺しゅうする。
⑦オーガンジーを刺しゅうの際でカットし、縁
にほつれ止め液を塗る。

⑧縁を刺しゅうと同じ色の糸で巻きかがる。
〈大〉に縫いとめた9ピンパーツの反対側も一
緒に縫いとめる。❻～❽と同様にして〈小〉
を合計2個作る。
⑨〈組み立て〉の図のように〈小〉に縫い
とめたCカンにチェーンをつなぎ、Cカンでチ
ェーンと引き輪、板カンをつなぐ。

71

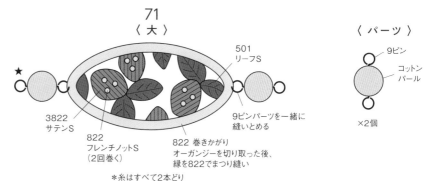

〈大〉

501
リーフS

★

3822
サテンS

822
フレンチノットS
（2回巻く）

9ピンパーツを一緒に
縫いとめる

822 巻きかがり
オーガンジーを切り取った後、
縁を822でまつり縫い

＊糸はすべて2本どり

〈小〉

524
サテンS

822
サテンS

Cカンを一緒に
縫いとめる

★

3822
サテンS

9ピンパーツを
一緒に縫いとめる

オーガンジーを切り取った後、縁を
サテンステッチと同じ色でまつり縫い

＊糸はすべて2本どり

〈パーツ〉

9ピン

コットン
パール

×2個

〈組み立て〉

引き輪

Cカン

板カン

チェーン

★

〈芯（クリアファイル）〉

〈大〉
中は切り抜く

72, 73　p.33

ブローチ　サイズ：縦4.5×横3.5cm

材料
オーガンジー（白）
ブローチ金具（30mm・シルバー）… 1個
クリアファイル

作り方
①p.44「クリアファイルを芯にする」を参照して作る。芯の型紙をクリアファイルに写して切り取り、クリアファイルとオーガンジーを一緒に巻きかがりする。
②図案をオーガンジーに写す。
③裏面のブローチ金具つけ位置に、ブローチ金具を縫いとめる。
④図案の通り刺しゅうする。
⑤オーガンジーを巻きかがりの際でカットし、縁にほつれ止め液を塗る。
⑥縁を刺しゅうと同じ色の糸でまつり縫いする。

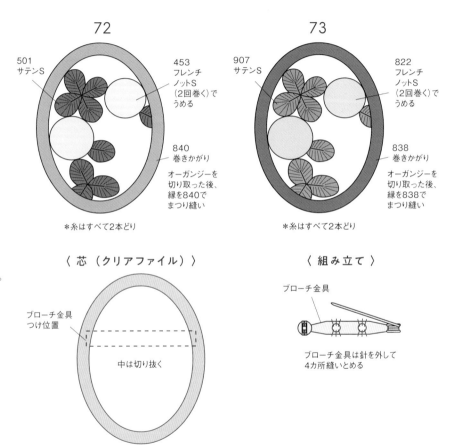

72

501
サテンS

453
フレンチ
ノットS
（2回巻く）で
うめる

840
巻きかがり

オーガンジーを
切り取った後、
縁を840で
まつり縫い

＊糸はすべて2本どり

73

907
サテンS

822
フレンチ
ノットS
（2回巻く）で
うめる

838
巻きかがり

オーガンジーを
切り取った後、
縁を838で
まつり縫い

＊糸はすべて2本どり

〈 芯（クリアファイル）〉

ブローチ金具
つけ位置

中は切り抜く

〈 組み立て 〉

ブローチ金具

ブローチ金具は針を外して
4カ所縫いとめる

74 p.33

バレッタ　サイズ：縦2.7×横8cm

材料
オーガンジー（白）
バレッタ金具（40×6mm・シルバー）…1個
クリアファイル、フェルト

作り方
①p.44「クリアファイルを芯にする」を参照して作る。芯の型紙をクリアファイルに写して切り、オーガンジーに置いて、クリアファイルとオーガンジーを一緒に巻きかがりする。
②図案をオーガンジーに写す。
③図案の通りに刺しゅうする。
④裏布の型紙をフェルトに写して切り、バレッタ金具つけ位置にバレッタ金具を縫いとめる。
⑤オーガンジーを巻きかがりの際でカットし、縁にほつれ止め液を塗る。
⑥❺の刺しゅうパーツと❹のフェルトを外表に多用途接着剤で貼り合わせる。乾いたら縁を刺しゅうと同じ色の糸でまつり縫いする。

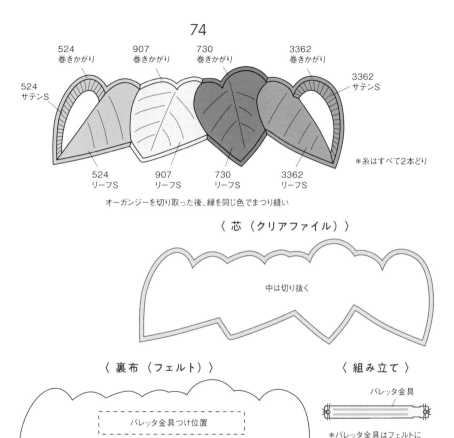

74

524
巻きかがり

907
巻きかがり

730
巻きかがり

3362
巻きかがり

524
サテンS

3362
サテンS

524
リーフS

907
リーフS

730
リーフS

3362
リーフS

＊糸はすべて2本どり

オーガンジーを切り取った後、縁を同じ色でまつり縫い

〈 芯 （クリアファイル） 〉

中は切り抜く

〈 裏布 （フェルト） 〉

バレッタ金具つけ位置

〈 組み立て 〉

バレッタ金具

＊バレッタ金具はフェルトに
縫いとめる

75 p.34

ピアス　サイズ：長さ3.5cm（ピアス金具を除く）

材料
オーガンジー（白）
コットンパール（12mm・ダークブルー）
　…2個
Tピン（0.5×21mm・シルバー）…2本
丸カン（0.7×3.5mm・シルバー）…4個
ピアス金具（フック・シルバー）…1組
クリアファイル

作り方
①〈A〉を作る。p.44「クリアファイルを芯
にする」を参照し、芯の型紙をクリアファイル
に写して切り取り、クリアファイルとオーガン
ジーを一緒に巻きかがりする。
②オーガンジーを巻きかがりの際でカットし、
縁にほつれ止め液を塗る。
③縁を刺しゅうと同じ色の糸で巻きかがる。❶
〜❸と同様にして〈A〉をもう1個作る。
④〈B〉を作る。図案をオーガンジーに写し、
刺しゅうする。
⑤オーガンジーを刺しゅうの際でカットし、縁
にほつれ止め液を塗る。
⑥縁を刺しゅうと同じ色の糸でまつり縫いする。
❹〜❻と同様にして〈B〉をもう1個作る。
⑦〈パーツ〉の図のように、コットンパール
にTピンを通して先を丸めたパーツを2個作る
（p.47「ピンの使い方」参照）。
⑧〈組み立て〉の図のように、丸カンで全体
をつなぐ。

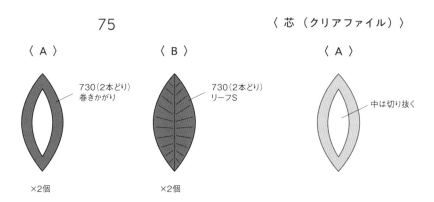

75

〈A〉　　　〈B〉　　　〈芯（クリアファイル）〉

〈A〉

730（2本どり）
巻きかがり

730（2本どり）
リーフS

中は切り抜く

×2個　　　×2個

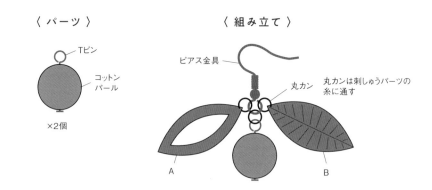

〈パーツ〉

Tピン

コットン
パール

×2個

〈組み立て〉

ピアス金具

丸カン

丸カンは刺しゅうパーツの
糸に通す

A　　　　　　　B

76

p.34

バレッタ　サイズ：縦5.5×横7.4cm

材料
オーガンジー（白）
バレッタ金具（60×7mm・シルバー）…１個
クリアファイル、フェルト

作り方
①p.44「クリアファイルを芯にする」を参照して作る。芯の型紙をクリアファイルに写して切り、オーガンジーに置いて、クリアファイルとオーガンジーを一緒に巻きかがりする。
②図案をオーガンジーに写す。
③図案の通りに刺しゅうする。巻きかがりの糸で先に刺してある部分も、さらに上から刺し、柄がきれいに出るように調節する。
④裏布の型紙をフェルトに写して切り、バレッタ金具つけ位置にバレッタ金具を縫いとめる。
⑤オーガンジーを巻きかがりの際でカットし、縁にほつれ止め液を塗る。
⑥❺の刺しゅうパーツと❹のフェルトを外表に多用途接着剤で貼り合わせる。乾いたら縁を刺しゅうと同じ色の糸でまつり縫いする。

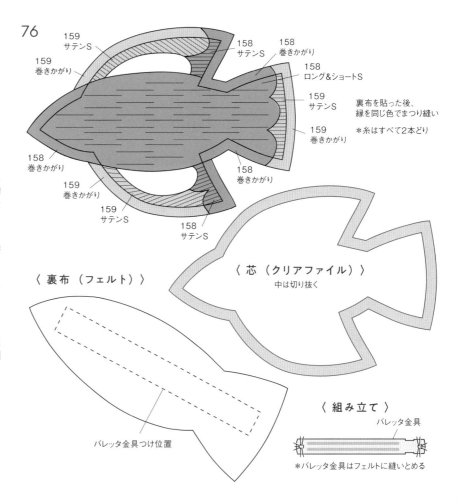

76

159 サテンS
159 巻きかがり
158 巻きかがり
159 巻きかがり
159 サテンS
158 サテンS

158 サテンS
158 巻きかがり
158 ロング＆ショートS
159 サテンS
159 巻きかがり
158 巻きかがり
158 サテンS

裏布を貼った後、縁を同じ色でまつり縫い
＊糸はすべて2本どり

〈 裏布 （フェルト）〉
バレッタ金具つけ位置

〈 芯 （クリアファイル）〉
中は切り抜く

〈 組み立て 〉
バレッタ金具
＊バレッタ金具はフェルトに縫いとめる

77-79　p.35

ブローチ　サイズ：直径3cm

材料
オーガンジー（白）
シーチング布（白）
特小ビーズ（好みの色）…6個
スパンコール（亀甲・6mm・好みの色）
　…2個
ブローチ金具（25mm・真鍮古美）…1個

作り方
①シーチング布に実物大図案を写す。スパンコールははさみで細かく切る。
②シーチング布にオーガンジーを重ね、2枚の間にスパンコールと特小ビーズをはさみ、刺しゅう枠に取りつける。
③外枠の正方形を巻きかがりする。スパンコールと特小ビーズが正方形から出ないように注意。
④図案の通りに刺しゅうする。スパンコールと特小ビーズがチェック柄の四角の中に適宜入るように、調節しながら刺す。
⑤2枚の布を巻きかがりの際でカットし、縁にほつれ止め液を塗る。
⑥〈組み立て〉の図のように、3cm角にカットしたシーチング布に切れ目を入れ、ブローチ金具を差し込む。
⑦⑥のシーチング布を⑤の裏に、手芸用ボンドで貼り合わせる。

77

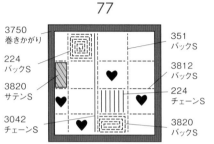

3750 巻きかがり
224 バックS
3820 サテンS
3042 チェーンS
351 バックS
3812 バックS
224 チェーンS
3820 バックS

♥…細かく切ったスパンコールと特小ビーズを
　オーガンジーとシーチングの間に入れる

＊糸はすべて3本どり

78

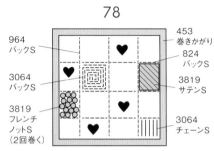

964 バックS
3064 バックS
3819 フレンチノットS（2回巻き）
453 巻きかがり
824 バックS
3819 サテンS
3064 チェーンS

♥…細かく切ったスパンコールと特小ビーズを
　オーガンジーとシーチングの間に入れる

＊糸はすべて3本どり

79

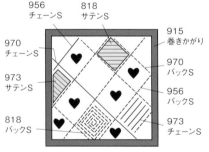

956 チェーンS
970 チェーンS
973 サテンS
818 バックS
818 サテンS
915 巻きかがり
970 バックS
956 バックS
973 チェーンS

♥…細かく切ったスパンコールと特小ビーズを
　オーガンジーとシーチングの間に入れる

＊糸はすべて3本どり

〈 組み立て 〉

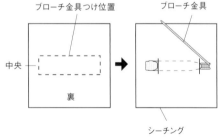

ブローチ金具つけ位置
ブローチ金具
中央
裏
シーチング

88

80, 81   p.36

ブローチ　サイズ：縦4×横3.2cm

材料
オーガンジー（白）
ブローチ金具（回転ピン・21mm・ゴールド）
　…1個
クリアファイル

作り方
①p.44「クリアファイルを芯にする」を参照して作る。芯の型紙をクリアファイルに写して切り取り、2枚重ねて枠に取りつけたオーガンジーに置く。
②クリアファイルとオーガンジーを一緒に巻きかがりする。
③図案をオーガンジーに写す。
④裏面のブローチ金具つけ位置に、ブローチ金具を縫いとめる。
⑤図案の通りに刺しゅうする。
⑥オーガンジーを巻きかがりの際でカットし、縁にほつれ止め液を塗る。

80

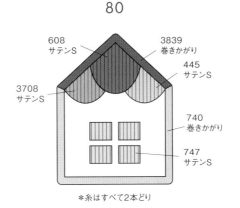

608
サテンS

3839
巻きかがり

445
サテンS

3708
サテンS

740
巻きかがり

747
サテンS

＊糸はすべて2本どり

81

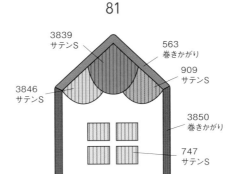

3839
サテンS

563
巻きかがり

3846
サテンS

909
サテンS

3850
巻きかがり

747
サテンS

＊糸はすべて2本どり

〈 芯（クリアファイル）〉

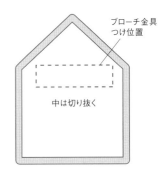

ブローチ金具
つけ位置

中は切り抜く

〈 組み立て 〉

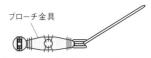

ブローチ金具

ブローチ金具は針を外して4カ所縫いとめる

82-84　p.36

ブローチ　サイズ：【82】縦2.3×横2.6cm、
　　　　　　　　　【83】縦4.7×横2.9cm、
　　　　　　　　　【84】縦4.6×横2.7cm

材料
共通
オーガンジー（白）
クリアファイル
82
ブローチ金具（回転ピン・17mm・ゴールド）
　…1個
83, 84
ブローチ金具（ウラピン・21mm・ゴールド）
　…1個

作り方
①p.44「クリアファイルを芯にする」を参照して作る。芯の型紙をクリアファイルに写して切り取り、2枚重ねて枠に取りつけたオーガンジーに置く。
②クリアファイルとオーガンジーを一緒に巻きかがりする。
③図案をオーガンジーに写す。
④裏面のブローチ金具つけ位置に、ブローチ金具を縫いとめる。
⑤図案の通りに刺しゅうする。
⑥オーガンジーを巻きかがりの際でカットし、縁にほつれ止め液を塗る。

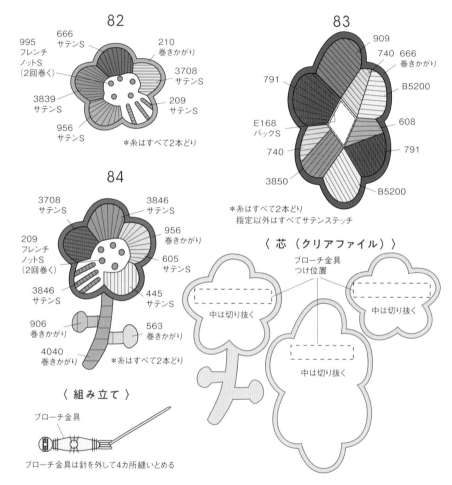

82

995 フレンチノットS（2回巻く）
666 サテンS
210 巻きかがり
3708 サテンS
3839 サテンS
956 サテンS
209 サテンS
＊糸はすべて2本どり

84

3708 サテンS
3846 サテンS
209 フレンチノットS（2回巻く）
956 巻きかがり
605 サテンS
3846 サテンS
445 サテンS
906 巻きかがり
563 巻きかがり
4040 巻きかがり
＊糸はすべて2本どり

83

909
740　666
巻きかがり
791
B5200
E168 バックS
608
740
791
3850
B5200

＊糸はすべて2本どり
　指定以外はすべてサテンステッチ

〈 芯（クリアファイル） 〉
ブローチ金具つけ位置
中は切り抜く
中は切り抜く
中は切り抜く

〈 組み立て 〉
ブローチ金具
ブローチ金具は針を外して4カ所縫いとめる

85 p.37

ブローチ　サイズ：縦3.7×横7.3cm

材料
オーガンジー（白）
ブローチ金具（回転ピン・28mm・ゴールド）
　…1個
クリアファイル

作り方
①p.44「クリアファイルを芯にする」を参照して作る。芯の型紙をクリアファイルに写して切り取り、2枚重ねて枠に取りつけたオーガンジーに置く。
②クリアファイルとオーガンジーを一緒に巻きかがりする。
③図案をオーガンジーに写す。
④裏面のブローチ金具つけ位置に、ブローチ金具を縫いとめる。
⑤図案の通りに刺しゅうする。
⑥オーガンジーを巻きかがりの際でカットし、縁にほつれ止め液を塗る。

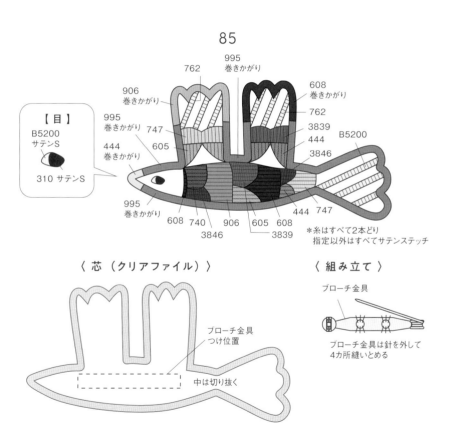

85

762
995 巻きかがり
906 巻きかがり
608 巻きかがり
762
3839
444
B5200
3846
995 巻きかがり
747
605
444 巻きかがり
444 747
995 巻きかがり
608 740 906 605 608
3846 3839

【目】
B5200
サテンS

310 サテンS

*糸はすべて2本どり
指定以外はすべてサテンステッチ

〈 芯 （クリアファイル） 〉

ブローチ金具
つけ位置

中は切り抜く

〈 組み立て 〉

ブローチ金具

ブローチ金具は針を外して
4カ所縫いとめる

86 　p.37

ブローチ　サイズ：縦4×横4.8cm

材料

オーガンジー（白）
丸小ビーズ（シルバー）…7個
ブローチ金具（回転ピン・28mm・ゴールド）
　…1個
クリアファイル

作り方

①p.44「クリアファイルを芯にする」を参照して作る。芯の型紙をクリアファイルに写して切り取り、2枚重ねて枠に取りつけたオーガンジーに置く。
②クリアファイルとオーガンジーを一緒に巻きかがりする。
③図案をオーガンジーに写す。
④裏面のブローチ金具つけ位置に、ブローチ金具を縫いとめる。
⑤図案の通りに刺しゅうする。丸小ビーズはビーズステッチ用針で縫いとめる。
⑥オーガンジーを巻きかがりの際でカットし、縁にほつれ止め液を塗る。

86

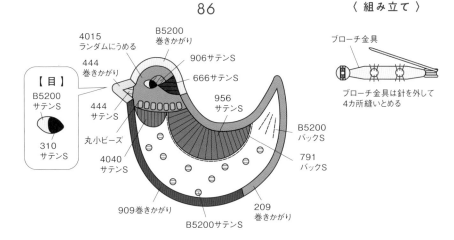

4015
ランダムにうめる
B5200
巻きかがり
906サテンS
444
巻きかがり
666サテンS
956
サテンS
444
サテンS
丸小ビーズ
B5200
バックS
4040
サテンS
791
バックS
909巻きかがり
209
巻きかがり
B5200サテンS

【目】
B5200
サテンS
310
サテンS

〈 組み立て 〉

ブローチ金具

ブローチ金具は針を外して
4カ所縫いとめる

〈 芯 （クリアファイル） 〉

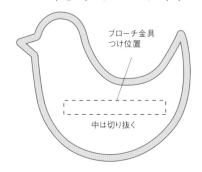

ブローチ金具
つけ位置

中は切り抜く

〈 作品 87,88,89,90 の組み立て 〉

ブローチ金具

ブローチ金具は針を外して4カ所縫いとめる

87-90　　p.38

ブローチ　サイズ：縦3×横5cm

材料
共通
オーガンジー（白）
ブローチ金具（回転ピン・28mm・ゴールド）
　…1個
テグス（クリア・2号）…適宜
クリアファイル
87のみ
スパンコール（亀甲・5mm・クリア）…7個
スパンコール（星・7mm・シルバー）…15個

作り方
87
①p.44「クリアファイルを芯にする」を参照して作る。芯の型紙をクリアファイルに写して切り取る。
②オーガンジーを2枚重ねて間にスパンコールをすべて入れ、枠に取りつける。
③オーガンジーにクリアファイルを置き、オーガンジーと一緒に巻きかがりする。
④裏面のブローチ金具つけ位置に、テグスでブローチ金具を縫いとめる（図はp.92）。
⑤オーガンジーを巻きかがりの際でカットし、縁にほつれ止め液を塗る。

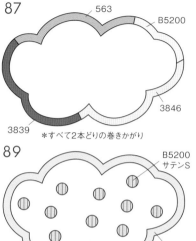

87
563
B5200
3846
3839
＊すべて2本どりの巻きかがり

〈芯（クリアファイル）〉

ブローチ金具つけ位置

中は切り抜く

89
B5200
サテンS
4214
巻きかがり
＊糸はすべて2本どり

88, 89, 90
①p.44「クリアファイルを芯にする」を参照して作る。芯の型紙をクリアファイルに写して切り取り、2枚重ねて枠に取りつけたオーガンジーに置く。
②クリアファイルとオーガンジーを一緒に巻きかがりする。
③図案をオーガンジーに写す。
④裏面のブローチ金具つけ位置に、テグスでブローチ金具を縫いとめる（図はp.92）。
⑤図案の通りに刺しゅうする。
⑥オーガンジーを巻きかがりの際でカットし、縁にほつれ止め液を塗る。

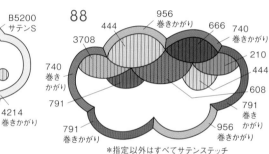

88
956
巻きかがり
444
3708
666
740
巻きかがり
740
巻きかがり
210
444
608
791
791
巻きかがり
791
巻きかがり
956
巻きかがり
＊指定以外はすべてサテンステッチ
糸はすべて2本どり

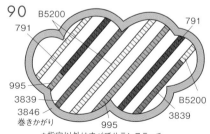

90
B5200
791
791
B5200
995
3839
3846
巻きかがり
995
3839
＊指定以外はすべてサテンステッチ
糸はすべて2本どり

91-93　p.39

ブローチ　サイズ：【91,92】縦3.5×横3.8cm、
　　　　　　　　　　【93】縦2.7×横4.3cm

材料
オーガンジー（白）
ブローチ金具（回転ピン・21mm・ゴールド）
　…1個
クリアファイル

作り方
①p.44「クリアファイルを芯にする」を参照して作る。芯の型紙をクリアファイルに写して切り取り、2枚重ねて枠に取りつけたオーガンジーに置く。
②クリアファイルとオーガンジーを一緒に巻きかがりする。
③図案をオーガンジーに写す。
④裏面のブローチ金具つけ位置に、ブローチ金具を縫いとめる。
⑤図案の通りに刺しゅうする。
⑥オーガンジーを巻きかがりの際でカットし、縁にほつれ止め液を塗る。

〈 組み立て 〉

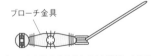

ブローチ金具
ブローチ金具は針を外して4カ所縫いとめる

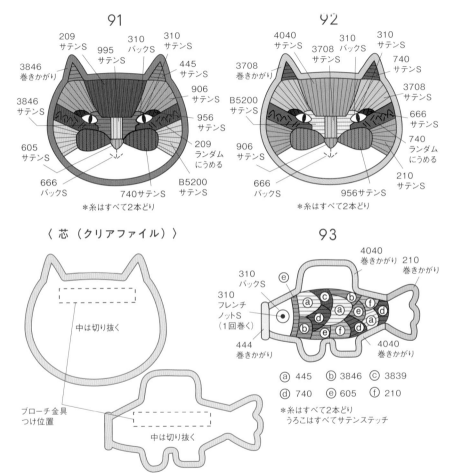

91

209 サテンS
995 サテンS
310 バックS
310 サテンS
3846 巻きかがり
445 サテンS
3846 サテンS
906 サテンS
605 サテンS
956 サテンS
666 バックS
209 ランダムにうめる
740 サテンS
B5200 サテンS

＊糸はすべて2本どり

92

4040 サテンS
3708 サテンS
310 バックS
310 サテンS
3708 巻きかがり
740 サテンS
B5200 サテンS
3708 サテンS
666 サテンS
906 サテンS
740 ランダムにうめる
666 バックS
956 サテンS
210 サテンS

＊糸はすべて2本どり

〈 芯（クリアファイル） 〉

中は切り抜く

ブローチ金具つけ位置

中は切り抜く

93

4040 巻きかがり
210 巻きかがり
310 バックS
310 フレンチノットS（1回巻く）
444 巻きかがり
4040 巻きかがり

ⓐ 445　ⓑ 3846　ⓒ 3839
ⓓ 740　ⓔ 605　ⓕ 210

＊糸はすべて2本どり
うろこはすべてサテンステッチ

デザイナー紹介

itoknit（イトニット）

「ちょっとだけ主張して、日々の生活のアクセントになるようなモノ」をコンセプトに手刺しゅうのアクセサリーや雑貨を製作。また大阪市内にて店舗を構え、作品の展示販売やワークショップなども開催。
HP　https://www.galleryshopitoknit.com
Instagram　chiiizr_itoknit

ACE（エイス）

2016年より「オートクチュールを身近に」をコンセプトにオーガンジーに独自の手法で手刺しゅうをしてアクセサリーや衣装雑貨などの服飾品を製作。普段はネット販売や対面イベントを中心に活動中。
E-mail　ace.embroidery.n@gmail.com
shop　https://minne.com/@sugar2lun
Instagram　__aceembroidery_

△と○days.（サンカクトマルデイズ）

毎日をがんばる貴女へ。「△な日を○に、まるな日をもっと○に♪」。日常に寄り添う軽くて可愛い作品を、ひと針、ひと刺し、手刺しゅうしています。"約１g"のイヤリング「fuwaring」も好評展開中です。
shop　https://www.3ka9maru.com
twitter　@Miyu_8080
Instagram　miyu_8080

Toirohanko（トイロハンコ）

"やさしい"刺しゅうアクセサリーとはんこ作家。身に着けていて、使っていて、ほっとする作品を目指して製作しています。
shop　https://minne.com/@toirohanko
twitter　@toirohanko
Instagram　hitomi.sntk

nakki（ナッキ）

コンセプトは「こころをキュンとつかむものづくり。」ドキドキワクワクの気持ちを大切に奈良のならまちでお店を営みながら日々作っています。
HP　https://www.nakki.info
instagram　nakki_nakki

Hana no Niwa（ハナノニワ）

北欧ガーデンをイメージしてたくさんの可愛いお花をオリジナル刺しゅうしています。日常の装いに、私の刺しゅうをお供していただくことを夢に見ながら毎日ひと針ひと針想いを込めて鋭意製作中です。
E-mail　lx.you.sky@gmail.com
shop　https:minne.com/sozzy
instagram　so_zzy

vanillaco（バニラコ）

不思議の国のほんわか小物屋さん。『いつまでも乙女心を忘れない、ロマンチックなモチーフ』をテーマに、手刺しゅうのアクセサリー雑貨を製作・販売中。バニラコならではの作品を心を込めてお届けしています。
HP　https://vanillaco.jimdo.com
shop　https://minne.com/@vani-l-l-aco
Instagram　vanillaco_meico

haricot（ハリコット）

「haricot」は豆という意味です。まめまめしく、丁寧な作品づくりを心がけ、刺しゅうやレジンを使ったアクセサリーを製作しています。色や刺しゅうの種類、異素材との組み合わせによる、質感の違いを楽しんでもらいたいです。
shop　http://minne.com/haricot-l
Instagram　haricot_harico

本書は2018年11月小社刊『透け感を楽しむ オーガンジー刺しゅうのアクセサリー』を改題・新装したものです。

はじめてでも可愛く作れる
オーガンジー刺しゅうのアクセサリー

2018年11月30日　初版発行
2021年12月20日　新装版初版印刷
2021年12月30日　新装版初版発行

発行者　小野寺優
発行所　株式会社河出書房新社
　　　　〒151-0051　東京都渋谷区千駄ヶ谷2-32-2
　　　　電話　03-3404-1201（営業）
　　　　　　　03-3404-8611（編集）
　　　　https://www.kawade.co.jp/
印刷・製本　凸版印刷株式会社

Printed in Japan
ISBN978-4-309-28949-6

staff

ブックデザイン　三上祥子（Vaa）
撮影　　　　　　安田仁志
スタイリング　　鈴木亜希子
作り方イラスト　渡辺梨里香（Pear fields）
編集　　　　　　相澤若菜（Polaris work）

〈 撮影協力 〉
UTUWA　03-6447-0070

〈 刺しゅう糸の取り扱い 〉
ディー・エム・シー株式会社
　03-5296-7831　http://www.dmc.com/

〈 メタルフープ、アクセサリーパーツの取り扱い 〉
貴和製作所
　http://www.kiwaseisakujo.jp/（オンラインショップ）
パーツクラブ
　http://www.partsclub.jp/（オンラインショップ）